DE L'IMPÔT SUR LES CAFÉS

ET

DES LOIS DU COMMERCE INTÉRIEUR

Edmond Paul

DE L'IMPÔT SUR LES CAFÉS

ET

DES LOIS DU COMMERCE INTÉRIEUR

Titre : De l'impôt sur les cafés et des lois du commerce intérieur

Couverture et mise en page : C3 Éditions

Dépôt légal : 21-07-360
Bibliothèque nationale d'Haïti
ISBN : 978-99970-983-5-1

BANQUE DE LA RÉPUBLIQUE D'HAÏTI

Edmond Paul
1837-1893

Edmond Paul

(1837-1893)

- 1837 (8 octobre) : Naissance à Port-au-Prince.
- 1852 : Départ pour Paris après des études primaires chez Sauveur Faubert et Daguesseau Lespinasse.
- 1860 : Retour au pays après des études secondaires au Collège Rollin et une spécialisation dans les sciences politiques sous la direction de l'économiste Michel Chevallier. Employé de 3e classe à l'administration des Finances.
- 1861 : Publication des « Questions politico-économiques » (1re et 2e partie).
- 1862 : Publication de « L'Éducation industrielle du peuple ou la protection due aux industries naissantes ».
- Publication de « De l'industrie dans les villes. Réponse à M. Montfleury ».
- 1863 : Publication des « Questions politico-économiques » (3e partie).
- 1865 : Co-fondateur de la Manufacture des Savons d'Haïti.
- 1869 : Co-auteur de « Quelques lignes de la reconnaissance à M. Victor Hugo pour son article « Un mot sur John Brown » : Publication de « Le salut de la société ».
- 1870 : Membre de la Commission d'enquête sur les opérations financières du gouvernement de Sylvain Salnave. Collabore aux journaux « Le civilisateur » et « L'Unité Nationale ».
- 1873 : Maire de la ville de Port-au-Prince. Député de Port-au-Prince de 1873 à 1879.
- 1874 : « Rapport au Corps législatif sur les opérations du retrait du papier-monnaie. »
- 1876 : « De l'impôt sur les cafés et des lois du commerce intérieur. »
- 1877 : « Patriotisme et conscience ».

- 1880 : « Haïti au soleil de 1880 ».
- 1882 : « Notre problème. Pages retrouvées ».
- 1883 : « Les causes de nos malheurs. Appel au peuple ». Signataire de l'acte de constitution du Comité Central de la révolution.
- 1890 : Sénateur de Jacmel.
- 1892 : Sénateur de Port-au-Prince.
- 1893 : Mort à Kingston (Jamaïque) le 18 juin. Funérailles à Port-au-Prince, le 10 juillet.
- 1896 : « Étude Politique : Haïti et l'intérêt français. Réponse à M. Molinari. »
Œuvres posthumes

PRÉFACE

Edmond Paul : *De l'impôt sur les cafés*, Paris, 1876

La pensée d'Edmond Paul, théoricien du Parti Libéral n'a pas toujours été comprise en son temps et n'est malheureusement guère mieux appréciée de nos jours, faute d'être connue. Pourtant Edmond Paul par sa réflexion sur la vie économique et politique de son pays met le doigt sur un ensemble de problèmes qui encore aujourd'hui sont d'une urgence manifeste. Dans *De l'impôt sur les cafés*, Edmond Paul mène une critique justifiée, argumentée et chiffrée des dysfonctionnements de notre pays dont les comportements antiéconomiques font barrage à l'industrialisation, selon lui indispensable, d'Haïti. Il indexe une organisation économique dans laquelle une bourgeoisie commerçante, contrôlant les mécanismes du marché, mais investissant peu dans la production, obtient en s'appuyant sur un système fiscal injuste, l'exclusion de la paysannerie de l'univers sociopolitique. Ce système de ségrégation entre urbain et paysan dont il dénonce l'iniquité et l'inefficience sociale n'apporte que des blocages, et promeut une économie de rente basée sur l'exploitation de la sueur du paysan au profit de l'homme de la ville. Son analyse De l'impôt sur les cafés agit comme un révélateur des priorités d'une société, du mode d'organisation de l'économie du pays et de la conception de la justice de celui-ci. Elle traduit de ce fait la faiblesse de l'État. La question du rôle de ce dernier et de l'égalité citoyenne entre ruraux et urbains est ainsi clairement posée dans ce livre qu'on peut lire aussi comme un réquisitoire contre les gouvernements successifs, complices actifs de l'approfondissement de ces inégalités. Edmond Paul plaide pour une autre organisation de l'économie haïtienne qui rende possible et introduise un système fiscal plus soucieux de justice sociale. On peut donc saluer en Edmond Paul un des initiateurs de la réflexion économique en Haïti et plus largement, un des tout premiers penseurs des sciences sociales dans notre pays.

L'Éditeur

Introduction à l'impôt sur les cafés

Edmond Paul (1837-1893), selon l'historien Placide David, naquit à Port-au-Prince au sein d'une famille honorable et estimée. Son père Jean Paul, candidat aux élections présidentielles de 1847, fut un des hommes les plus instruits de son temps et ministre sous les gouvernements de Riché et de Soulouque. Edmond Paul entama ses études en Haïti qu'il laissa en 1852 pour Paris où il les acheva. Il se spécialisa dans les sciences politiques sous la direction de l'économiste Michel Chevallier, protagoniste du libre-échange. Il rentra au pays en 1860.

Contrairement à la tendance de son temps, cet auteur a produit un savoir colossal sur le social haïtien, soit six essais sur la vie économique et politique de son temps. À l'inverse, ses contemporains ont plutôt embrassé le champ littéraire. Il a été maire (une fois) et député à plusieurs reprises de la ville de Port-au-Prince. En dépit de ces six essais, il est cité de manière anecdotique dans les manuels d'histoire de la littérature haïtienne. Cet oubli vient-il du fait que ses écrits ne sont pas reconnus comme relevant du genre littéraire, ou parce que les sujets qu'il aborde n'existent pas comme une préoccupation de son époque ? Toutefois, il est toujours plaisant d'apprécier la pensée d'Edmond Paul et de présenter *De l'impôt sur les cafés* qui se révèle un texte fondateur de la réflexion économique en Haïti, de par l'analyse des faits économiques et la rigueur du raisonnement qu'on y retrouve.

Dans la première partie de *De l'impôt sur les cafés*, Edmond Paul présente pour Haïti un système fiscal qu'il estime injuste, mais difficile à réformer du fait de l'idée d'égalité des individus et de justice sociale prévalant à son époque. Selon lui, le paysan producteur de café paie presque deux fois plus d'impôt que le citadin dont les revenus sont plus élevés, soit 14,25 piastres contre 7,92 piastres. L'impôt ne tient pas compte de la capacité contributive de chaque citoyen. En fait, si la famille paysanne se suffit d'un repas par jour venant des vivres récoltés dans son jardin, alors ses besoins matériels ne sauraient justifier de meilleurs prix pour ses denrées et aussi des revenus importants. Selon Edmond Paul, ces revenus servent à surtout financer les hommages aux morts. En comptant avec ce mode de vie fait de sobriété, l'État peut prélever par l'impôt, et les spéculateurs par la manipulation des prix, une part importante des revenus du café. Pour corriger cette situation qui peut décourager le producteur, il propose de changer le système fiscal à travers une organisation différente de l'économie haïtienne.

Ce changement des structures productives passe selon l'auteur par la réforme des lois sur le commerce dont l'issue serait la diversification des activités productives dans nos campagnes. Car, Edmond Paul estime que la législation de l'époque freine l'échange dans ces espaces. En fait, la loi assimile le commerce en milieu rural à un délit et y réprime la pratique de certains métiers, dont celui d'être boulanger. Par contre, la loi réserve le monopole du commerce aux citadins. Car les premiers dirigeants d'Haïti voulaient *appliquer de force des bras à l'agriculture,* en limitant la liberté de commerce. Du fait de la loi, le paysan est obligé de gaspiller son temps sur les chemins qui mènent en ville puisqu'il est contraint de s'y rendre et de parcourir de longues distances, parfois en mettant une journée, afin d'y acheter le moindre produit. En y étant avec ses denrées, ses fruits et ses légumes, il doit vite les céder à bas prix sous l'injonction de la loi qui lui fait obligation de regagner son terroir. Il est un individu différent du citadin.

Edmond Paul rejette ces pratiques de répression de l'échange et d'assignement des familles paysannes dans une position qui les contraint à végéter dans la pauvreté. Car, ce contrôle des individus entrave la gestion des choses et le progrès économique. Dans ce cadre, nous admettons que les premières lois d'Haïti avaient installé la société dans une mentalité antiéconomique que l'on attribue souvent au vaudou. Voici la substance de cet ouvrage d'Edmond Paul. Toutefois, il nous reste à apprécier en quoi l'interdiction légale du commerce dans les campagnes a eu un lien avec la formation d'un comportement collectif hostile à l'initiative privée dans notre société. Les anthropologues et les économistes travaillant sur le développement économique dans ce pays devraient penser à ouvrir ce chantier de réflexion.

En toile de fond de cette réflexion apparaît le vœu de voir émerger en Haïti une économie diversifiée, avec une industrie manufacturière. En effet, Edmond Paul souhaite que l'assiette fiscale repose sur une plus grande variété de produits, par la réforme de la législation et de la vie économique dans les campagnes. À cet effet, il nous propose une approche du développement économique des campagnes organisées autour de villages dont les habitants pratiquent plus que les activités agricoles. Car les villages devraient disposer d'un centre qui offre des services divers et des équipements qui encouragent la production et la diversification des métiers, en permettant au producteur de tirer de meilleurs prix pour ses produits et d'augmenter son niveau de consommation. Cela dit, notre auteur substitue le contrôle militaire et judiciaire des citoyens habitant les campagnes par une nouvelle organisation économique, en proposant dès son époque un concept de décentralisation et de développement économique local qu'Haïti n'a pas élaboré jusqu'à ce jour.

Cependant, à l'encontre des sociétés européennes qui ont fait la première révolution industrielle en rejetant le féodalisme, la société haïtienne du dix-neuvième siècle n'avait pas renoncé à son passé esclavagiste en adoptant une conception de l'homme qui la rend réceptive aux idées de progrès économique et d'émancipation de ses individus. En fait, le citadin veut exercer son autorité sur le paysan à l'exemple du maître sur son esclave, ou du boucanier sur l'engagé. La société haïtienne connait déjà une longue pratique de contrôle d'un individu sur un autre, et valide l'idée de supériorité de l'un sur l'autre. En conséquence, elle est peu disposée à présenter un paysan à l'égal de n'importe quel citoyen et à accepter la notion d'un travail émancipateur pour n'importe quel individu. Car ses élites dirigeantes se contentent de la rente et de la différence de leur niveau de vie par rapport aux paysans. Ce problème de supériorité et de contrôle constitue la trame des idées et des prises de décision qu'Haïti a connues depuis son indépendance.

Au-delà de l'ancrage social de la pensée de l'auteur, *De l'impôt sur les cafés* doit être apprécié dans deux de ses aspects : le récit des premiers moments de l'histoire d'Haïti et la pertinence de sa pensée économique. En premier lieu, le livre soulève les enjeux économiques et politiques survenus après la création de l'État haïtien : la concession du commerce des biens importés aux étrangers ou aux nationaux, le code rural de 1826 enfermant la paysannerie haïtienne dans un assujettissement sans issue, le contrôle militaire du travail agricole, l'échec de la révolution de 1843 et de la politique migratoire de nos premiers dirigeants qui voulaient plus de bras pour nos campagnes et des métiers diversifiés, les réponses que les différents chefs d'État ont données à la question économique, dont le monopole des gouvernements de Soulouque (1847-1859) sur le commerce du café et l'échec de sa politique des prix des produits de grande consommation. L'auteur rappelle d'autres contraintes du jeune État : la marche rampante de la petite propriété agricole dès les premiers jours de l'indépendance entretenant la panique des élites agraires, la dette de l'indépendance et les crises financières qu'elle implique.

Le livre rappelle l'engouement de nos premiers dirigeants à vouloir rééditer les prouesses économiques du système esclavagiste, en tentant d'orienter l'économie à partir du politique. Il en résulte ce problème de la citoyenneté ambigüe en Haïti, avec des citadins et des paysans que l'on croit différents dans une société sans mobilité sociale. Pour instituer une telle société, nous élites dirigeantes récuserons les idées chères à la bourgeoise montante, à savoir l'autodétermination de l'individu, l'échange volontaire et le contrat. En faisant cela, ces élites valident le sentiment de supériorité de certains citoyens sur les autres. Cette perception de l'infériorité du paysan nous vaudra des lois sur le commerce.

Ces premiers moments sont aussi marqués par la transition d'une économie peu diversifiée à une économie encore plus spécialisée, dont la monnaie repose sur un produit unique. En effet, la vente du café est à la base de la circulation du numéraire en Haïti, et l'impôt sur le café soutient les finances de l'État. Car, entretemps, la production de sucre est peu à peu remplacée par celle du rhum. L'auteur constate ce recul à travers le système de taxation, en soulignant que Toussaint Louverture avait établi en 1801 un système fiscal reposant sur une variété de produits. Pourtant, après 1804, les recettes de l'État tendent à dépendre essentiellement d'un produit : le café.

De l'impôt sur les cafés tient une place à part dans la production intellectuelle haïtienne. Il est sans doute l'une des premières réflexions sur la vie sociale et sur la manière de la changer. Cela dit, notre auteur parle de la consommation dans les familles, de l'impact de la loi sur le bien-être des individus, des relations nouées autour du café entre paysans, producteurs et spéculateur, des rapports entre État et société. Il admet aussi la contradiction existant entre le fait que les grands fermiers payaient peu aux cultivateurs de café qui disposaient d'autres moyens de subsistance, de plus, il parle de l'ignorance des notions de travail et de contrat, oubli que l'on devrait attribuer aux legs du système esclavagiste. Les problèmes évoqués dans ce livre jalonnent l'histoire d'Haïti : la vie dans les campagnes, l'implication de la population dans l'économie nationale. Cette réflexion fait de notre auteur un des premiers penseurs des sciences sociales en Haïti. En se positionnant ainsi, son œuvre s'est détachée de l'historiographie dominante qui s'adonne aux récits des grands hommes et aux sphères politiques de notre société.

En ce qui a trait au discours économique d'Edmond Paul, sa pensée doit être associée à la tradition de l'économie politique, même si les informations soutenant sa réflexion relèvent de la réalité haïtienne. Notons que son premier ouvrage « Questions politico-économiques » est publié en 1861, à sa vingt-quatrième année. À ce moment, la pensée économique était à la veille d'une secousse majeure : la révolution marginaliste des années 1880 qui a éclipsé la théorie de la valeur travail de Ricardo. Les auteurs de la nouvelle approche ont tenté de présenter un champ économique épuré des problèmes sociaux. Les principales réflexions d'Edmond Paul ont été produites avant cette date. Notre auteur discute encore des problèmes politiques et sociaux qui entravent l'échange, en reprenant les idées des économistes annonciateurs de l'école classique qui avaient discuté des méfaits du système mercantiliste, dont Boisguilbert (1646-1714) qui expliquait la pauvreté des paysans français par la charge de l'impôt. Cependant, l'analyse menée sur Haïti relève d'une problématique plus vaste. Car, Edmond Paul admet que le système fiscal traduit le mode d'organisation de l'économie d'un pays. Il soutient, de plus, que l'impôt reposant sur le café explique le recul des autres activités productives en Haïti et l'engagement incertain des élites de ce pays par rapport à la construction de l'économie nationale. En effet, étant satisfaites de vivre de la rente des produits agricoles, tirée sur le paysan, ces élites montrent peu d'intérêt pour l'industrie qui leur exige de l'effort pour l'éducation, la technique, la gestion de la ville, un système fiscal plus complexe et surtout une société ouverte et rejetant la ségrégation sociale. D'ailleurs, la production du sucre exigeant un minimum de savoir-faire avait disparu.

À ce moment, les principaux théoriciens européens raisonnaient sur les relations devant exister entre le capital et le travail, dans une optique d'accumulation. De son côté, Edmond Paul discute de l'impact de la législation et des mentalités sur le progrès économique, en reprenant le débat sur les facteurs sociaux de l'accumulation qui avait marqué la pensée des premiers auteurs classiques. En suivant cette direction, *De l'impôt sur les cafés* anticipe les débats très actuels sur le rôle des institutions et des croyances dans le dynamisme d'une économie nationale, en portant notre auteur à se rapprocher de l'école historique allemande du dix-neuvième siècle qui admettait que chaque société définit un mode d'organisation de son économie.

Au-delà de ce choix théorique, *De l'impôt sur les cafés* doit être aussi apprécié en fonction de la pertinence des analyses de notre économiste qui montre une compréhension assez rare des relations existant entre les variables économiques dans l'économie haïtienne. En effet, Edmond Paul pense l'économie dans sa globalité en admettant que le bien-être des familles paysannes dépend de la diversification des activités productives dans les villes où les richesses nouvelles mèneront au fait que l'impôt sur le café diminuera. Donc, ce sera moins d'impôt frappant les familles vivant en milieu rural. Par là, l'auteur émet l'idée d'une société formant un tout et admet par là qu'une certaine synergie existe entre l'urbain et le rural en Haïti, proposition que l'opinion ordinaire a du mal à admettre même aujourd'hui. Une telle approche diffère d'avec les courants dominants dans les sciences sociales et les modèles de prise de décision en Haïti qui perçoivent une division étanche de cette société. Les lois sur le commerce des premières heures d'Haïti n'en sont qu'une des manifestations de cette vision du social.

De plus, Edmond Paul discute de l'impact de l'impôt sur la production caféière du fait de la concurrence des autres pays producteurs. Il admet que si le prix de ce produit est fixé sur le marché international, Haïti devait réformer son système fiscal monté sur deux piliers : des taxes à la sortie des denrées et à l'entrée des marchandises qui frappent doublement le paysan, en tant que producteur de café et acquéreur d'articles importés. Le riche citadin n'acquitte que l'impôt sur la consommation. Fort de ce constat, notre auteur formule ses prédictions sur l'économie nationale. Il note que le paysan travaille pour l'impôt en consacrant son énergie à la production du café. Par contre, le citadin investit son épargne dans des biens parfois immobiliers qui échappent à l'impôt. D'où, selon l'auteur, des revenus en hausse pour les ménages vivant en milieu urbain, et la chute de la production caféière, un abaissement des exportations et des revenus venant de ce produit.

L'autre angle d'analyse de l'impôt est son aspect politique. Selon Edmond Paul, le système fiscal reflète la conception de la justice qu'un groupe de citoyens exprime envers un autre groupe et traduit la faiblesse de l'État. D'un côté, le produit unique et aisément taxable aurait limité le champ des décisions de l'État et inhibé la réflexion économique dans notre société. De même, le papier-monnaie tiré pour repousser les contraintes de ressources de l'État ou payer des guerriers participe du système de taxation. Il contribue à une redistribution des richesses qui se fait aux dépens du paysan. Car, le papier-monnaie fait augmenter les prix des articles importés tout en faisant diminuer le prix payé pour les denrées.

D'un autre côté et sur le plan méthodologique, le souci de la statistique est au cœur des analyses d'Edmond Paul qui compare les rendements de la banane et du café ainsi que les revenus du paysan haïtien et de l'ouvrier anglais. Ce souci de la quantification nous vaut des estimations de la population d'Haïti, du niveau des revenus et de la consommation des ménages ainsi que l'impôt moyen payé par le citoyen. L'auteur présente aussi le rendement fiscal des principales communes du pays. Il n'est pas besoin d'interroger la qualité des données étalées par ce texte dans une société où l'évaluation par les chiffres est assez rare, mais de comprendre que l'utilisation abondante de données statistiques fait la particularité d'Edmond Paul. Car, les chiffres permettent non seulement de persuader ses interlocuteurs, ils traduisent aussi une manière de voir la société à travers la comparaison de la situation des personnes. Par là, l'auteur établit la base d'un dialogue entre les groupes sociaux qui composent la société ; il pose la question du comparable et de l'égalité des individus, des notions absentes du discours dominant.

L'autre fait à signaler est que *De l'impôt sur les cafés* anticipe un débat économique encore très animé autour de la rente. En effet, dès le dix-neuvième siècle, l'auteur parle d'une économie reposant sur un produit, qui attire la curiosité des chercheurs à partir des années 1980[1]. Notre économie est divisée entre ceux qui génèrent la rente (les paysans) et ceux qui l'accaparent (les agents de l'État et le haut commerce). En discutant de la rente, les économistes soutiennent que l'abondance des revenus générés par un seul produit (le café) peut retarder le développement économique d'un pays ; la vie économique et politique ainsi que le système de taxation sont organisés autour du produit unique. C'est ce phénomène qu'Edmond Paul a voulu expliquer en 1876. Jusqu'au milieu des années 1970, l'économie haïtienne comptait sur le café, à l'inverse de la plupart des autres économies

---

[1] Corden WM, Neary JP., 1982, "Booming Sector and De-industrialisation in a Small Open Economy". *The Economic Journal 92,*, pp. 825–848. Campan E. et Grimaud A., 1989, *Le syndrome hollandais*, Revue d'économie politique. n° 6, pp. 810-834.

rentières qui génèrent la rente à partir de produits miniers. Ces économies encaissent d'importantes recettes d'exportation. On croit qu'elles sont riches, certes, en matières premières. Cependant, les acteurs sociaux accordent peu d'importance au rendement du travail. De ce fait, ces économies stagnent ou avancent moins vite que les autres. C'est pour cela que l'ouvrier anglais a pu considérablement améliorer le rendement de son travail et augmenter son revenu, alors que le paysan haïtien qui avait un meilleur niveau de vie au dix-neuvième siècle constate que son niveau de vie se dégrade de jour en jour. Car, la recherche de rente dans des activités improductives des élites, comme la taxe, le commerce ou la spéculation sur les denrées, nourrit une mentalité antiéconomique. La réflexion économique n'a pas toujours de réponse à ce problème qui découle des avantages naturels du sol ou de la position géographique du pays.

Cet ouvrage traduit aussi la vision d'Edmond Paul de la société haïtienne : son humanisme, ses idées de justice sociale, et une idée d'Haïti en relation avec le reste du monde. Toutefois, il est question de la réceptivité de telles idées à son époque et à travers le temps. Les travaux d'Edmond Paul ont suivi l'expérience politique pénible de Soulouque donnant à voir que sous l'Empire, les élites pensantes du pays étaient souvent humiliées par les sbires de ce régime. De plus, ils ont été produits après l'accession du très populaire Sylvain Salnave au pouvoir en Haïti (1867-1869). La réplique des classes moyennes effrayées par ces deux événements fut une période d'effervescence des idées qui a vu naître deux courants de pensée sur la manière d'organiser l'économie haïtienne en un pays essentiellement agricole, idée amplement critiquée par Edmond Paul, ou promouvant ses industries. *De l'impôt sur les cafés* incarne ce deuxième courant d'idée marquant une époque que les historiens des idées en Haïti intitulent ***l'époque des théoriciens.***

Pourtant, le deuxième courant n'a pas connu une heureuse postérité en Haïti. Car, l'essentiel de ses idées est ignoré par la critique littéraire et l'enseignement des sciences sociales dans ce pays, en dépit de l'intérêt pédagogique qu'il suscite en matière de quantification et de traduction chiffrée de la réalité sociale. Là, il nous faut voir le poids de l'environnement social en matière de sélection des idées supposées bonnes et d'orientation de la pensée. En effet, au moment où Paul écrivait sur l'organisation de l'économie haïtienne, d'autres idées circulaient et dominaient en Haïti, dont celles de Demesvar Delorme (1831-1901), qui flirtaient avec la doxa, même sans avoir atteint la rigueur et la vivacité de celles d'Edmond Paul, auteur qui est rarement cité par les historiens de la littérature haïtienne.

Au fond, la question des valeurs divise Edmond Paul de la plupart de ses contemporains et même des critiques littéraires haïtiens. En effet, alors que sa génération entrevoit une paysannerie soumise, il y voit un citoyen qui doit disposer de sa liberté de travail, de mouvement et de commerce. En prenant cette position, Edmond Paul est en porte-à-faux par rapport aux idées de l'époque. De ce fait, il fait figure d'un penseur non affilié à aucun courant de pensée, même si les questions qu'il soulevait en 1876 restent d'actualité en Haïti. Dans ce cadre, la pensée d'Edmond Paul apparaît en avance sur son temps. En effet, il voit l'avancement de la société à travers ses individus, alors que le courant dominant prédit le changement social à travers les grands hommes ou avec *Les théoriciens au pouvoir*.

Du fait de ce décalage, l'auteur est plus apprécié pour l'ensemble de son œuvre que pour la pertinence de ses écrits par rapport à la réalité haïtienne. S'il décrit la société et ses injustices à travers les chiffres, par contre, la majorité de ses contemporains utilisent la grille des statuts divisant paysans et citadins, transmise par le régime esclavagiste, pour organiser l'État, la force publique ainsi que les rapports entre les groupes sociaux. Alors, on devine la réceptivité faible que le livre a eue à son époque et même aujourd'hui. Dans ce cadre, les idées d'Edmond Paul sont restées dans un oubli presque parfait du fait de la rencontre de deux formes de pratiques littéraire et politique à Haïti. Tout d'abord, les élites urbaines veulent maintenir les autres groupes sociaux dans des rapports de sujétion déviant vers l'exclusion sociale. Cette vision du lien social va de pair avec une forme de curiosité intellectuelle portée sur l'intellectualisme et l'adhérence au conservatisme. Ici, la littérature n'a pas la prétention d'éclairer les problèmes sociaux. Cependant, elle prépare les individus à occuper des positions. Dans ce décor, le public lettré et instruit est peu attiré par la réflexion portant sur l'organisation sociale. Edmond Paul s'égare dans ce mode d'appropriation sociale de la production littéraire vue comme une fin en soi et sans emprise réelle sur la vie du simple individu.

En second lieu, en matière de politique de gouvernement, le mode de prise de décision par à coup (sans politique à long terme), dicté par le refus de changer les structures sociales, souvent imposé et par des contraintes d'ordre externe (dettes externes et occupation américaine), entrave l'institution d'une tradition de pensée en Haïti. Ces interventions externes perturbent la réflexion sui generis des nationaux et les empêchent de se questionner entre eux. Il n'est pas nécessaire de se référer à ce que dit le penseur pénétré de sa société. Car certains nationaux s'identifient déjà au diktat externe qui tient lieu d'avis externes éloignés du savoir commun schématisé par le penseur. Par exemple, Edmond Paul a soulevé en 1876 les problèmes du marché intérieur, des problèmes économiques aussi vieux que l'histoire d'Haïti, impliquant notre vision de l'homme que les décisions par à coup n'ont pas contribué à résoudre, des problèmes qu'il faudra inscrire dans une tradition de pensée propre à Haïti qui situe la position de chaque génération et leurs solutions proposées aux problèmes identifiés.

En fait, les solutions externes, s'apparentant à l'idée d'une économie épurée des problèmes sociaux, peuvent s'écarter de la tradition de pensée du pays et de ce qui fait problème à chaque époque pour les individus. Les réponses qu'on y propose ne sont pas des solutions. Car ces divers avis opèrent une cassure absurde entre les problèmes sociaux soulevés hier et les réponses qu'on y apportera demain. D'où l'impasse. Car les réponses qui nient la tradition de pensée d'une société et qui s'écartent du savoir partagé et de la hiérarchie des problèmes déjà soulevés ne contribuent pas à faire progresser la société dans les réponses à ses problèmes. Dans ce cadre, Haïti traîne des problèmes jamais abordés ou résolus. Et l'on constate que certains de ses problèmes économiques soulevés depuis environ cent-cinquante ans restent encore sans solution.

Dans un tel cadre, il serait souhaitable que l'économiste haïtien relise ses devanciers, et que l'enseignement de sa discipline passe par une revue critique des premiers essais sur Haïti, entre autres ceux d'Edmond Paul. Car, même si la lecture de ces textes du dix-neuvième siècle paraît ardue, en revanche, ils nous informent sur les legs du passé sur notre manière actuelle de voir les défis de notre société. Ils nous donnent aussi une idée des progrès que notre société a réalisés dans la solution face à ses vieux problèmes et nous signalent du même coup les défis à surmonter aujourd'hui. En instituant cette tradition de pensée, nous verrons qu'Haïti n'a pas encore trouvé de réponses acceptables à certains problèmes relevés hier, en dépit des moyens informationnels énormes dont disposent le chercheur et le politique d'aujourd'hui. Et il nous faut admettre que les idées d'Edmond Paul sur l'organisation de l'économie haïtienne se retrouvent aujourd'hui sous des termes divers : développement local, lois sur l'organisation de l'économie, réforme des finances publiques. Et les questions de l'industrialisation, du commerce intérieur et de la vie économique en milieu rural sont encore sans réponse viable. D'où l'intérêt de revoir les hypothèses qui ont été posées au dix-neuvième siècle et évaluer les blocages de la mentalité qui sont des obstacles à leur dépassement plus d'un siècle et demi plus tard. D'où notre intérêt de relire la pensée d'Edmond Paul au moment où les questions économiques semblent avoir un regain d'intérêt en Haïti, et où il est essentiel d'instituer en Haïti une tradition de pensée dans les différents champs des sciences sociales, pour en faire des corps d'idées cohérentes et à la hauteur des problèmes sociaux que la société doit résoudre.

Dr Frédéric Gérald Chéry

Bibliographie

BERROU Raphael et POMPILUS Pradel, *Histoire de la littérature haïtienne*, Tome II, Port-au-Prince, éd. Caraïbes, 1975, 751 p.

CHARLES, Christophe Philippe. *Autobiographie des écrivains d'Haïti*, tome I, Port-au-Prince, éd Christophe, 1994, 157 p.

DAVID Placide, « FIGURES HISTORIQUES », Pétion-ville-Haïti, C3 Éditions, collection Textes retrouvés sous la direction de Michel Soukar, 2013.

DEHOUX Lorrain, *Le problème du café : Institution du café*, Port-au-Prince, Imprimerie Deschamps, 1947, 23 pages.

DELORME, Démesvar. *La misère au sein des richesses : réflexions diverses sur Haïti*, Paris, Ed. Dantu, 1873, 138 p.

GIRAULT, A. Christian. *Le Commerce du café en Haïti : habitants, spéculateurs et exportateurs*, CNRS, Paris, 1981, 293 p.

Haïti journal. *Les efforts du Président Sténio Vincent pour le sauvetage du café haïtien*, Port-au-Prince, Imprimerie de l'État, 1936, 66 p.

MORAL, Paul. « La culture du café en Haïti : des plantations coloniales aux jardins actuels », *revue Les cahiers d'Outres-Mers*, tome VIII, 1955, pp 233-256.

Office National du Café, *Code du café, arrêté du 28 novembre 1958*, Port-au-Prince, Imprimerie de l'État, 1959, 28 p.

PAUL, Edmond. *De l'industrie des commerces civils : lettre à M. Mont Fleury*, Port-au-Prince, 1862, 26 p.

PAUL, Edmond. *De l'impôt sur les cafés et des lois du commerce intérieur*, Kingston, M. De Cordova & co, 1876, 140 p.

PAUL, Edmond. *Étude politique. Haïti et l'intérêt français (réponse à M. de Molinari); Aperçu d'un plan de gouvernement; Révision du code rural; Projet de lois diverses*, paris, librairie E. Bernard & Cie, 1895, 391 p.

PAUL, Edmond. *L'éducation industrielle du peuple ou la protection due aux industries naissantes : deuxième lettre à M. Mont Fleury*, Paris, Imprimerie P. A. Boudier de Cie, 1862. 214 p.

PAUL, Edmond. *Les causes de nos malheurs : appel au peuple*, Kingston, Henderson & Co., 1882 152 p.

PAUL, Edmond. *Questions politico-économiques*. Imprimerie C. Meyrueis, Paris 1861. (1re partie : De l'instruction publique, 39 p. 2e partie : Formation de la richesse nationale, 130 p. 3e partie. Le papier monnaie et le projet d'une banque nationale, 72 p.)

Le café d'Haïti : Lois et arrêtés de 1929, sa réglementation, sa préparation, son commerce intérieur et son exportation, Port-au-Prince, Service Technique de l'Agriculture, 1929, 14 p.

Nécessité d'abolir l'impôt sur les cafés

Il n'y a rien que la sagesse et la prudence doivent plus régler que cette portion qu'on ôte aux sujets. Ce n'est point à ce que le peuple peut donner qu'il faut mesurer les impôts, mais à ce qu'il doit donner.

Montesquieu

Le mal est grand surtout quand c'est sur les classes nécessiteuses que tombe le principal poids de l'impôt. Ces classes ne s'élèvent même dans l'ordre intellectuel et moral, qu'à mesure que leur condition matérielle s'améliore, et on ne saurait les priver d'aucune des portions du fruit de leur labeur, qu'elles ont le droit de conserver, sans appesantir sur elles le joug de l'indigence dont elles ont peine à se défendre. M. PASSY.

Eh quoi ! Oserait-on perpétuer en Haïti régénérée un système qui a pour résultat de faire payer l'industrie qui travaille la terre, tandis que beaucoup d'autres industries, mieux rétribuées, ne paient rien ? Nous ne le pensons pas. - *Le Patriote,* journal haïtien.

Au point de vue de l'impôt, aucune classe travailleuse d'Haïti n'a été plus douloureusement ni plus longtemps accablée sous le poids de l'injustice gouvernementale que celle des producteurs de cafés. Il n'est pourtant pas de classe dont l'intérêt ait plus émaillé notre éloquence tant privée qu'officielle. Les 8806 coups de canon, qui retentissent dans toute la République à la fête du 1er Mai, répètent encore, chaque année, depuis 1807, que le producteur de cafés est le Roi sacré de nos productions. Cruel contraste cependant entre ce Roi qui n'a pas une poule à manger à l'occasion de son anniversaire champêtre et l'heureux négociant qui, grâce au bénéfice réalisé sur la poudre qu'il a vendue à l'État, peut se vanter de pouvoir vider une bouteille de vin de champagne à chaque coup de canon qui dissipe en fumée l'argent du souverain !

Il serait hors de propos et presque oisif de m'arrêter, au début de mon sujet à prouver, par une démonstration quelconque, ces deux axiomes qui sont aujourd'hui autant les fondements de la science économique que les assises de tout État démocratique, à savoir : 1° tous les Haïtiens doivent contribuer également aux charges publiques. 2° chaque Haïtien doit l'impôt dans la mesure de ses facultés. Ces principes sont établis dans notre législation, et nul n'a jamais émis une pensée qui tendît à en déroger expressément. C'est dans la pratique que ces principes ont sombré, à travers notre interminable cascade administrative, avec une persistance qui ne peut malheureusement se justifier que par la grossière inadvertance des plus intéressés dans la cause.

Il ne faudrait néanmoins pas que la société haïtienne finisse par identifier ses sentiments à l'abus fiscal de nos différents gouvernements ; son avancement, ses progrès, sa sécurité exigent que tous ses efforts tendent à faire entrer les derniers de ses membres dans l'entière possession de leurs droits. C'est à cette condition que l'ordre public en Haïti reposera sur une base suffisamment large pour être définitivement stable et durable. Du peuple doux, sociable, intelligent, laborieux, que nous faisions au commencement, dont la faiblesse aussi bien que les douloureuses origines avaient servi de titre à la sympathique considération des autres peuples, de ce peuple dont la gloire primitive même, osons le dire, avait marqué une destinée à côté de celles des nations les plus énergiques de la terre, que reste-t-il exposé aux regards du monde stupéfait ? On ne dirait plus qu'un ramassis de gens qui se coudoient sans se connaître, n'ayant plus ni foi ni lois communes, des gens qui se tuent ou s'exploitent au mépris de la loi d'amour et de fraternité, et qui n'ont gardé de leur parfaite ressemblance que les scènes d'horreur de leur vie. Des mœurs déprédantes au haut de l'échelle sociale, une profonde ignorance au bas, le plus grand nombre de citoyens tenus en dehors du droit commun, tel est cet appareil au milieu duquel se balance l'idéal qui nous fait tourner depuis trente années au moins, idéal infernal qui nous fait ce que nous sommes, et dont le clinique résultat est à peine perçu à travers la lueur rougeâtre de tous nos sanglants malheurs.

Ah ! Il est donc vrai qu'il ne reste plus rien de cette nation qui, à son berceau, avait su trouver, de par le monde des hommes célèbres, à l'exemple de l'évêque Grégoire qui se faisaient les ministres d'office de sa marche assurée; — qui plaidaient d'enthousiasme sa cause et ses droits, et qui montraient Haïti à la démocratie comme un de ses purs foyers. – Il est donc vrai qu'il ne reste plus rien de cette nation dont le sol avait paru un agréable séjour à des écrivains éminents comme Civique de Gastines dont les cendres, aujourd'hui insultées, tressaillent sous l'ombre de nos cyprès ! – Il est donc vrai qu'il ne reste plus rien de cette nation dont l'héroïsme avait inspiré jusqu'aux artistes étrangers qui lui renvoyaient les traits de ses héros dessinés sur la toile allégorique et taillés dans le marbre des éternelles grandeurs ! – Il est donc vrai qu'il ne reste plus rien de cette nation naissante dont le pavillon était porté flottant jusqu'aux docks de Liverpool, allant au rendez-vous des peuples recevoir le baptême de la civilisation ! – Il est donc vrai qu'il ne reste plus rien de cette nation aux mains de la quelle le pronostic des hommes d'État remettait, à un jour donné, comme une conséquence inévitable de sa force initiale, le sceptre des Antilles ! – Plus rien de cette nation qui avait inauguré son rayonnement au dehors en ouvrant superbement ses trésors et ses arsenaux à l'entreprise patriotique de Bolivar ! – Plus rien enfin de cette nation devant qui la renommée, se répandant, amena les fiers rejetons de la Grèce antique et noble, venant lui demander inopportunément, à travers les mers, le secours de son argent, la valeur de ses soldats, pour reconstruire au nom d'une fraternité héroïque, leur nationalité brisée depuis trois siècles. Eh! Nous serions montés d'abord si haut, pour après descendre si bas! D'aigle noir que nous étions, on nous verrait tomber au rang de cul-de-jatte! – Ne plus inspirer de frayeur; Mais vouloir que le blanc revienne nous donner le coup de pied! Non, pas encore, il faut du moins l'espérer, parce qu'alors cela dépasserait la mesure des mots connus.

Il faut donc que le patriotisme se révolte au nom de la dignité et de l'avenir compromis de notre race. Mes concitoyens me sont témoins des efforts personnels que je fais depuis tantôt des années, visant tous à l'effet d'arracher notre nationalité à l'inexorable fatalité qui l'étreint depuis que nous avons cessé de marcher dans la voie de l'honneur et de la solidarité civique. Je fais encore aujourd'hui œuvre méritoire à mes yeux en venant révéler à notre société une source de nouveaux dangers et un obstacle considérable à son avancement. Il ne suffit pas d'apercevoir un mal et de le signaler sur un ton tout à fait bénin, car alors l'esprit public n'est pas saisi de toute l'effervescence d'une âme citoyenne quand il faut déraciner un abus qui s'étaie du plus fort et du plus routinier pouvoir de l'État. C'est à la société mieux avisée, murie dans l'expérience de ses malheurs, à précipiter de sa voix puissante une réforme dont le caractère est juste et pacifique. Dans les États-Unis de notre hémisphère, où il n'y a pas plus de lumières au haut qu'au bas de l'échelle sociale, on ne considère pas moins que l'ignorance isolée, et pour ainsi dire volontaire du citoyen, est un mal dont la cessation commande l'action publique. Au contraire, dans un État aussi foncièrement démocratique que le nôtre, où la capacité électorale et d'éligibilité n'est restreinte à aucune condition, où le serviteur à gages d'aujourd'hui peut être demain le premier magistrat de la République, qu'il sache ou non lire et écrire, c'est à peine si les connaissances d'une minime fraction de la population suffisent à l'entière satisfaction des besoins généraux du pays. Et c'est sur un pareil mal, qui subsiste, qui a déjà largement rongé notre existence, que nous avons enté l'injustice criante de l'impôt, épuisant de plus en plus les plus pauvres, ceux que nous continuons à proclamer ironiquement les glorieux soutiens de notre État.

Il n'échappera à aucun esprit sage, malgré nos luttes fratricides fréquentes et hideuses, que le peuple Haïtien a donné jusqu'ici pour gage à la facile fondation de notre société l'acte le plus éminemment patriotique qui se pût souhaiter : il a abdiqué, depuis 72 ans, son droit écrit de se choisir des mandataires et des gouvernants. Il a abandonné exclusivement ces soins précieux à ceux de ses membres qui se prévalent d'être des premières classes du pays. Ne serions-nous donc pas à la fin coupable devant l'Éternité, comptables à jamais des malheurs de toute une nation, si nous continuons à faire un triste usage de nos saintes prérogatives, loin de nous décider à les faire tourner au bonheur et à la gloire du peuple entier d'Haïti ?

Tous les services publics que les Haïtiens sont appelés à rétribuer avec leur argent se traduisent dans un budget normal qui se chiffre à présent à 4 millions de piastres près.

La population d'Haïti, qu'aucun recensement n'a exactement déterminée, peut être estimée aujourd'hui à[1] million d'habitants.[1]

---

[1] Le Journal *La Feuille du Commerce*, dans son n° du 1er septembre 1844, sans indiquer la source de son renseignement, porte la population à :
312,522 Hab. pour le Nord.
935,153 "   pour l'Ouest et le Sud.
Total. 1 247 675 Hab.
Le seul document officiel que nous possédons sur ce point est le suivant :

Il s'ensuit immédiatement que l'impôt à prélever par tête d'Haïtien serait de 4 piastres par an si, tous les citoyens avaient la même fortune ou jouissaient des mêmes revenus.

Il n'en est pas ainsi ; et il est de principe que les plus pauvres doivent payer moins de P.4, tandis que les plus aisés doivent supporter une charge plus lourde en raison de ce qu'ils ont plus de facultés pour vivre.

Que l'impôt soit uniformément ou proportionnellement réparti, il ne faut pas moins remarquer qu'il frappe indistinctement enfants, vieillards, infirmes, femmes qui vivent sur les revenus de leurs maris. Aussi bien on doit reconnaître que la part réelle que supporte le contribuable Haïtien dans les dépenses publiques est en raison de la famille dont il a charge.

Nos familles encore jeunes, dont la semence reproductive n'a pas été épuisée par les siècles, sont généralement très nombreuses. En admettant qu'elles se composent de cinq membres chacune, on sera plus en deçà qu'au-delà de la vérité.

De ces prémisses on peut conclure, sans rien exagérer, que 200 mille familles ont pour obligation de défrayer tous les services publics d'Haïti.

Départements	Population	Communes	Quartiers ou Bourgs
242 180 habitants Le Sud	75 536	Les Cayes Torbeck Le Port-Salut Les Côteaux Les Chardonnières Tiburon	La Roche-à-Bateau Le Port-à-Piment Les Anglais La Petite-Rivière de Dame-Marie Le Trou des Roseaux Le Trou-Bonbon
	63 579	Jérémie Les Abricots Dame-Marie L'Anse-d'Hainault Le Corail	Les Trois L'Anse du Clerc
	44 478	Pestel L'Anse-à-Veau Le Petit Trou	
	58 587	Miragoâne Aquin Saint-Louis du Sud Cavaillon	La Petite Rivière de Nippes Les Baradères St Michel du Fond des Nègres L'Asile
351 205 habitants L'Ouest	116 132	Port-Républicain La Croix-des-Bouquets L'Arcahaie Neybe	Les Grands-Bois Pétion-ville
	55 662	Le Petit-Goâve Le Grand-Goâve Léogane	Les Cayes-Jacmel
	99 108	Jacmel Bainet Les Côtes-de-Fer Marigot Saltrou	
	80 303	Saint-Marc Les Verettes Le Mirebalais Las Caobas Las–Maltas	Marchand ou Dessalines
108 544 habitants L'Artibonite	91,394	Les Gonaïves Ennery Le Gros-Morne Terre-Neuve La Marmelade Le Dondon Saint-Michel de l'Atalaye Hinche Banica La Petite-Rivière de l'Artibonite	Saint-Raphaël
	17,150	Le Môle Saint-Nicolas La Bombarde	

D'après la règle de la répartition de l'impôt.

Si celui qui a pour vivre	P. 288 doit payer pour lui et sa famille	P. 20
Celui qui aura le double	P. 576 devra " " "	P. 40
" le triple	P. 864 " " "	P. 60
" 10 fois plus	P. 2880 " " "	P. 200
" 20 fois plus	P. 5760 " " "	P. 400

Et inversement

Celui qui aura ½ moins, soit   P. 144 devra payer pour lui et sa famille   P. 10

"   le ¼ en moins "   P. 72   "   "   "   P. 5

"   0 fois moins "   P. 28.80   "   "   "   P. 2

"   20 fois moins "   P.14.40   "   "   "   P. 0

C'est en application de cette règle que la plupart des états civilisés taxent les objets de grande consommation, incorporent pour ainsi dire l'impôt dans les choses que les familles ne sauraient se dispenser d'acheter. De la sorte chacun contribue aux charges de l'état dans la mesure des facultés qu'il a de satisfaire ses besoins. Sous ce rapport, nos douanes sont une assiette de l'impôt irréprochable.

Départements	Population	Communes	Quartiers ou Bourgs
		Le Cap-Haïtien	La Plaine du Nord Milot ou Sans-Souci
		La Petite-Anse	Le Quartier Morin Limonade
	85 413	L'Acul du Nord Le Limbé Plaisance	
		La Grande-Rivière	Sainte Suzanne
178 207 habitants Le Nord		Le Port-de-Paix Jean-Rabel Saint-Louis du Nord	
	55 520	Le Borgne Le Port-Margot	
		Le Fort Liberté	Jacquezy
		Le Trou Vallière	
	37 574	Ouanaminthe Laxavon Monte-Christ	Le Terrier Rouge

[2]Je dois dire néanmoins que cette règle juste en principe, devient fausse par une conséquence pratique prévue, mais inévitable. La science économique ne fait pas son *desideratum* du principe de l'impôt proportionnel aux facultés contributives des citoyens. Le principe subsiste dans la pratique des hommes d'État, faute de meilleures combinaisons. Du reste, l'une des difficiles questions auxquelles puisse être soumis le jugement des économistes, c'est bien la péréquation de l'impôt.

Chacun peut se faire une idée de l'injustice que nous signalons, en considérant attentivement le tableau ci-dessus. On voit de suite que le citoyen qui dispose d'un revenu annuel de P. 5760, tel je suppose un Secrétaire d'État de la République, n'arrivera pas à acquitter les P. 400 dont il est imposé. Il paiera à peu de chose près autant que son employé qui n'aurait, par exemple, qu'un revenu de P. 864. Mangeant, buvant en quantité presqu'égale, se vêtissant dans une égale limite de décence, ils ne consommeront guère plus l'un que l'autre de ces choses qu'un gouvernement taxe de préférence, à cause de leur rendement. L'un et l'autre auront contribué aux dépenses publiques pour P. 60. Deux familles inégales de fortune, payant un égal impôt, voilà ce que repousse le principe. Admettons même P. 60 pour représenter la contribution afférente à la dépense de luxe personnelle au plus riche, cela ne ferait encore que P. 120, chiffre bien loin de celui de 400 que veut la justice. Je n'entends pas dire que l'homme qui possède de plus grandes facultés ne dépense pas davantage. Je me borne à faire observer que les dépenses, pour leur partie la plus forte, prennent des voies où ne les attend pas le fisc. Le riche achète chevaux, maisons, biens-fonds et autres choses qui échappent à la taxation. C'est, après

---

[2] 880 136 Hab. population approximative de la République en 1824. Suivant le mode de répartition adoptée en 1843.
29 428 Hab pour le département de Cibao.
25 321 "   " de L'Ozama.
54 749 Hab. population approximative de la République dominicaine accrue des hab. de Lamatte, Laxavon et Monte-Christ.

tout, dans ces objets qui ne sont pas d'un indispensable besoin que se révèlent les signes du plus riche. Nos besoins satisfaits, nous capitalisons. Avoir des capitaux, c'est l'idéal de tout le monde ; les capitaux sont la couronne du travail. Seulement la justice sociale n'entend pas que le riche et le pauvre paient l'impôt *ex aequo*. L'humanité veut être sauve. Le même tableau nous fait encore voir que les personnes, que la théorie exonère de toute charge publique, parce que leurs facultés approchent du dénuement, gémissent au contraire d'autant plus que leur consommation leur coûte d'avantage.

Mes lecteurs doivent toutefois se rassurer promptement ; je n'entends nullement les égarer dans cette voie ardue, dis-je, de la péréquation de l'impôt. Si critiquable que ce soit, au point de vue pratique, ce principe de la proportionnalité donnée également pour base à l'assiette des contributions publiques dans notre pays, j'entends le maintenir. Je crois même que ses effets subversifs de toute égalité sont atténués par les conditions économiques de notre milieu. La misère de l'homme de notre terre n'approche pas du spectacle qu'ailleurs on a sous les yeux. Ici la faim n'a pas le pouvoir de marquer de ses griffes mortelles la joue de ceux dont les facultés sont épuisées. L'enfance ne connaît pas la péroraison de l'hiver. D'un rayon de notre soleil, il peut être vêtu en toutes saisons. Le vieillard viendra puiser dans le trésor toujours ouvert du cœur de l'Haïtienne. L'adulte n'a-t-il pas pour lui le vaste sein riant de nos vertes campagnes où il peut continuellement se nourrir de fruits gratis ? Les oiseaux qui peuplent nos bois ne sont-ils pas sa pâture ? — Ne peut-il pas se désaltérer dans l'eau claire de nos sources qui serpentent sous tous ses pas. N'ira-t-il pas jusqu'à habiter des lieux que le temps sûrement prescrira en sa faveur ? Mais ce que de plus décisif nous possédons incomparablement, c'est l'offre du travail. À la sueur de son front, l'Haïtien, si misérable que puisse être sa condition, arrivera à dompter toute adversité par trop poignante. Dans notre île, donc l'humanité semble être désintéressée. Reste la justice qui ne peut devancer l'heure du triomphe de la science.

La question que j'entreprends de porter devant la conscience publique des Haïtiens est d'un ordre moins élevé ; elle procède entièrement de notre façon de faire, façon cavalière et funeste, que nous semblons avoir adoptée comme base définitive dans nos rapports sociaux.

Notre budget de recettes s'élève, avons-nous dit, à P. 4 000 000.

Il se décompose comme suit :

P. 2 200 000 qui sont demandées, par la voie de la consommation, à la généralité des Haïtiens sans exception.

Et 1 800 000 qui sont prélevées sur un groupe de citoyens qui s'appellent les producteurs de café.

Ces producteurs représentent, dans notre donnée ci-dessus posée, 40 mille familles Haïtiennes que l'impôt a saisies dans l'esclavage et qu'il n'a cessé depuis lors de tenir en dehors de toutes les lois de justice et d'humanité.

En effet, il advient dans notre système fiscal, tel qu'il est établi, que P. 2 200 000 sont payées par 1 million d'habitants, à raison de P. 2 piastres 20 centimes par tête ; et P. 1 800 000 par 200 mille habitants seulement à raison d'une capitation égalitaire de P. 9 piastres.

La conséquence est que le laboureur par excellence, ce roi de nos comédies officielles est doublement imposé.

1° de P. 2,20 par ses consommations.

2° de P. 9   par le prélèvement sur ses cafés.

Total P. 11,20

Dans l'hypothèse de l'égalité des fortunes, chaque Haïtien n'est redevable à l'État que d'une cote contributive de P.4. Si les fortunes sont inégales, comme elles le sont en fait, ne faut-il pas que le plus riche paie plus de P.4 pour que le plus pauvre soit amené à payer moins que cela ?

Quoi dire à cette première surprise d'un de nos hommes de la campagne portant une charge de P. 11,20 !

Qu'on ne se hâte pas de conclure, ce n'est pas encore toute l'iniquité d'un système destiné à laisser loin derrière tout ce qu'on connaît de brutalement inhumain dans l'égalité de l'impôt appliquée à des gens qui n'ont pour vivre que le strict nécessaire.

Onze piastres vingt centimes par tête équivalent à une contribution de P. 56 par famille de cinq membres. D'après notre tableau qui précède, pareille taxe supposerait un revenu d'environ P. 640 par an.

Ainsi, on a assimilé pour commencer nos citoyens de la campagne à des rentiers, à des généraux jouissant mensuellement de P. 53 fixes sur le trésor public.

Au contraire, quand tous les Haïtiens, sans exception de campagnards, paient ensemble P. 2 200 000 à P. 2,20 par tête, soit à raison de P. 11 par famille, il suffit alors, d'après ce que nous avons montré plus haut, qu'on soit en mesure de dépenser P. 3 par mois individuellement ou P.144 par famille annuellement, pour être libéré envers l'impôt et satisfaire la raison de nos législateurs.

Le héros de notre agriculture est déjà imposé comme tout le monde, comme le plus riche, comme un Secrétaire d'État, quand il paie P. 11, pour lui et sa famille ; mais l'iniquité perce, quand il lui faut supporter, lui seul, une surtaxe plus forte du quadruple de ce qui est exigé des autres citoyens.

Un cinquième de notre population contribue ainsi pour la moitié des dépenses de la République à un dixième près, et c'est la portion notoirement la plus pauvre.

Cette même portion de citoyens défraie l'autre moitié de la dépense publique.

On se demande en quel coin du monde barbare il faut se transporter pour trouver à une telle iniquité son exact pendant ?

Voici le tableau de vingt-deux états différents; on peut y jeter les yeux, on ne découvrira rien qui égale l'exaction bientôt séculaire qui a broyé l'âme et le corps de l'une de nos plus intéressantes classes laborieuses.

ÉTATS	POPULATION	Recettes Annuelles par tête	ÉTATS	POPULATION	Recettes Annuelles par tête
	Hab.			Hab	
1 Grande Bretagne	27 621 860	11,11	12 Bavière…	4 615 750	3,75
2 Bade	1 335 952	10,52	13 Italie	25 600 000	3,68
3 Pays-Bas	3 543 775	10,13	14 Grèce	1 045 232	3,44
4 France	36 205 729	9,33	15 Wurtemberg	1 690 898	3,42
5 Hanovre	1 844 000	7,24	16 Portugal	3 568 895	3,41
6 Suède et Norvège	5 072 280	6,42	17 Russie	60 000 000	3,40
7 Belgique	4 623 089	5,97	18 Brésil	7 778 000	3,33
8 Espagne	15 518 500	5,75	19 Autrice	37 339 912	3,20
9 Prusse	17 740 000	5,06	20 Turquie	16 440 000	2,42
10 Danemark	3 437 576	4,01	21 États-Unis	23 283 488	2,27
11 Saxe Royale	2 039 375	3,77	22 Suisse	2 392 740	1,36

(D'après M. HORN. — 1860)

Si de notre fisc les allures étaient sages, modérées, nous qui formons un peuple peu nombreux dépourvu jusqu'à présent d'instruction, de connaissances pratiques, de facultés productrices, de tous ces agents-moteurs du travail, nous devrions venir les derniers sur le tableau, après les Suisses, qui ne sont imposées que de 1 piastre 36 centimes par personne. On voit le contraire. Notre budget, et nous n'avons pas égard à la répartition des charges, notre budget nous fait prendre rang entre les 10e et 11e État de l'Europe.

Ne nous en plaignons pas. Mais qu'un procédé fiscal amène nos pauvres producteurs de café, taxés à P. 11,20, à disputer aux Anglais, ces athlètes de la production, la première place sur cette échelle contributive des peuples, n'est-ce pas la preuve que nous n'avons pas la tête à ce que nous faisons ?

Il faut constater chez les Anglais l'existence de deux chancres qui rongent leurs finances : leurs vieilles dettes et les armées permanentes, entretenues en vue des guerres universelles. En 1860, l'année qui fournit les éléments du tableau que nous venons de transcrire,

La recette publique anglaise s'est élevée à   P. 308 451 166

La dette et l'armée seules ont enlevé   191 337 084

Restaient pour tous autres services   P. 117 114 082.

La dette seule était évaluée à 44 pour cent de la recette. Si nous ne considérons pas ces deux éléments de dépenses publiques propres aux grands et vieux états, nous trouverons pour la côte contributive d'un anglais, en 1860, 4 piastres et 2 centimes.

À quelque point de vue donc que nous nous placions, il saute à tous les yeux que notre fisc a fait du malheureux habitant de nos montagnes un contribuable vraiment typique, qu'il charge de lauriers à la fête de Cérès, et que tous nos gouvernements se croient obligés d'atteler à leur char comme un bœuf de chaine à travers tous les sentiers abrupts de nos budgets.

C'est à cette pratique inhumaine que je viens faire le procès.

Signalons cette assertion, hasardée dans les colonnes du journal *Le Temps*, et qui heurte déjà ce que nous venons de prouver :

« Quelle est la somme d'impôts que nous payons individuellement, en prenant la nation en masse ? 3 à 4 gourdes d'Haïti, d'après le chiffre total des revenus publics et celui comparé de notre population. Par comparaison avec les impôts supportés par d'autres peuples (10, 12 piastres fortes par individu), c'est peu de choses. » - *Le Temps*, 9 juin 1842.

En 1841, nos contributions publiques se sont élevées à P. 2 686 007, y compris l'impôt du papier-monnaie. Notre population s'était accrue alors par l'adjonction du territoire Dominicain ; et notre gourde en papier-monnaie valait effectivement 36 centimes de la piastre. Il se pouvait donc fort bien que, par rapport à l'ensemble de la population, l'imposition par personne fût de 3 à 4 gourdes ou de 1,08 à P. 1,44, selon que l'a calculé *Le Temps*.

Mais ce cri d'un organe de l'opinion publique ne cesse de froisser la conscience et la justice lorsqu'il s'applique également au sort de nos planteurs de café. S'il est vrai pour nous que l'impôt en 1841 n'évoluait pas encore dans son effroyable cercle, il est certain qu'il pesait déjà désastreusement sur ces malheureuses familles de nos campagnes qui se voyaient condamnées à porter seules à la caisse publique P. 784 628. L'impôt accroissait ainsi pour elles bien au-delà de la charge relevée par *Le Temps* et s'allégeait au contraire sur la tête des autres familles.

L'impôt du café est prélevé sur sa production brute. Le taux en était de P. 2,30 en 1841. Il était de P. 3 en 1875. Actuellement il est porté à P. 4,80. Son rendement augmente ou diminue selon l'abondance de la récolte.

Toutes palpitantes que soient nos premières considérations, le sentiment du lecteur est loin d'avoir saisi le côté réellement terrible du drame fiscal dans lequel on fait jouer à l'homme de nos champs le rôle d'un prime jobard.

Nos gouvernements n'applaudissent jamais tant que lorsqu'une récole a fait passer par les balances de nos douanes

60 000 000 de livres de café, allant se vendre sur les marchés étrangers.

Si à ce chiffre nous ajoutons celui de notre consommation intérieure, évaluée approximativement à 12 000 000 par an, à raison de 1 livre par jour pour 30 habitants, y compris ceux qui ne font pas usage du café, nous trouvons 72 000 000 qui donnent tout d'abord une idée assez favorable du travail de nos 40 mille familles cultivatrices.

À prendre la récolte de l'année 1863, l'une des plus belles, qui a porté dans nos douanes 71 712 345, et en y ajoutant la quantité consommée dans le pays, le résultat se traduit par ce chiffre plus éloquent de 83 712 345.

En 1859, le journal *Le Travail* mettait sous nos yeux ce tableau que nous reproduisons :

TOTAL DE LA PRODUCTION DU CAFÉ SUR LE GLOBE

(Extrait du *Hunt's Merchant's Magazine.*)

Brésil	346 millions
Java	135 " "
Ceylan	70 " "
St Domingue (Haïti	50 " "
Cuba et Porto Rico	20 " "
Venezuela	20 " "
Costa Rica	10 " "
Singapore / Malaca	10 " "
Moka, etc	5 " "
Indes Occidentales Anglaise	5 " "
Manilla	3 " "
Indes Occidentales Françaises et Hollandaises	2 " "
Total	**676 millions**

(Journal *Le Travail*, 1859.)

On voit que n'était la contrebande qui s'exerce sans intermittence dans nos douanes, laquelle déroute toute statistique positive, les producteurs de café auraient déjà conquis pour Haïti la troisième place dans cette balance du commerce spécial des peuples.

De toutes les nations libres, Haïti marquera au premier rang pour la production caféière du jour que la justice se lèvera pour nos producteurs.

Eh bien, ce sont ces citoyens qui matériellement, moralement, font à notre pays un sort relativement heureux, que nos gouvernants ont tendu sans cesse à faire rentrer dans le néant.

Le temps le plus fortuné pour l'homme des champs est celui où sa récolte est abondante, où le prix de son travail est rémunérateur. Telles furent pour nos productions de café en particulier, les années 1863, 1872, 1873. Quel a été le caractère de l'impôt en ces jours qui devraient être bénis de nos montagnards ? Examinons.

En 1863, nous venons de le dire, toute la récolte des cafés monta à 83 712 345 livres. La part à attribuer dans cette production à chacune des 40 mille familles laborieuses revenait à 2,092 livres brutes.

À cette époque la recette publique était de :

Impôts ordinaires . . . . P. 2 967 495
Impôt du papier-monnaie 77 056
Total . . . . P. 3 044 551

La part d'impôt à supporter par chaque Haïtien indistinctement devait être, en conséquence, de 3 piastres 4 centimes, ou par famille de 15 piastres 20 centimes rigoureusement.

Oser demander à une famille qui bèche la terre P. 15,20, c'est admettre qu'elle est égale en fortune à la plus richissime famille de la capitale.

Et pourtant ce n'est pas là encore ce qu'a dit, ce qu'a fait le fisc de plus bizarrement injuste.

Toute la contribution publique a été décomposée en deux parties, l'une atteignant la masse des consommateurs, et l'autre visant exclusivement la poche des citoyens qui ont le malheur de se choisir le rôle social de produire le café.

Le taux de l'impôt, pour cette année 1863, était de P. 2,30½ par 100 livres de café. La part que le fisc s'est adjugée sur la récolte a donc été de P. 1 459 330, la portion consommée à l'intérieur échappant à sa saisie.

Or, si du rendement de tous les impôts . . . . P. 3 044 551
Nous retranchons ces . . . . P. 1 459 330
Il restera. . . . . P. 1 585 221

Cette somme précise, mathématique de 1 585 221 piastres représente tout l'impôt payé, en 1863, par les habitants d'Haïti, citadins et campagnards. Chaque famille était de la sorte imposée de P. 7,92.

N'est-il pas curieux, nous nous répétons à dessein, que chacune des 200 mille familles que comporte notre population soit appelée à verser dans le trésor de la nation en moyenne P. 7,92, tandis que 40 mille de ces mêmes familles, distinguées d'entre les plus pauvres, se voient condamnées à supporter une seconde charge publique, forte cette fois de P. 36,48, c'est-à-dire au-delà du quadruple de ce qui incombait déjà à chacune d'elle dans le fardeau de l'État ?

Ainsi, en 1863, le laboureur de notre précieuse denrée était doublement imposé :

1° Par les taxes de consommation, sur la famille .... P. 7,92
2° Par la taxe sur les cafés 36,48
                Total .... P. 44,40

Être au nombre des plus maltraités de la fortune et porter, au nom de la loi, cinq fois et demie la charge laissée à de plus riches, n'est-ce pas l'horreur ?

N'est-ce pas de la raillerie cruelle que de frapper tous les Haïtiens d'une capitation égalitaire, puis de distinguer quelques-uns qu'on loue à l'égard des athlètes du travail et qu'on saigne jusqu'au blanc, tandis qu'on pare leurs fronts de civiques couronnes ?

Là, posons-nous cette question : quel est le revenu d'une famille adonnée dans notre pays à la culture du cafier pour causer l'impôt de P. 44,40, qu'on ose lui demander ? Quelle est, en d'autres termes, la richesse de ces 40 mille familles qui supportent près de la moitié de tout le pesant de la République ?

La réponse renferme toute notre péripétie fiscale.

Je sais qu'il est généralement difficile de faire dire surtout à un Haïtien quelle est sa fortune. Le silence de nos héros ne sied que mieux dans un cas où il ne resterait que l'exagération pour servir de voile à la misère patente. Que témoignent alors nos regards ? que révèle l'enquête de nos consciences ?

L'homme de nos champs, le plus communément, a réduit sa nourriture à un repas, et ce repas est exprimé, comme au temps de l'esclavage, par ce qu'il y a de moins substantiel dans une œuvre de mastication. C'est avec un épi de maïs, une patate, un fruit détaché sur la borne des voisins, que cet homme tient tête aux assauts de la faim pour attendre l'heure où il sera repu.

Son suprême repas se compose de quelques racines, de fécules, de peu de morue salée, le tout invariablement résumé dans un bouillon d'herbes, dont l'insipidité est combattue par le condiment héroïque, le piment, et dont la saveur emprunte une odeur *sui generis* à une simple lèche de viande, qui, vingt fois passée au soleil, et vingt fois remise dans la marmite, subit des décoctions successives. La boisson est l'eau claire, du moins pour la famille. Les hommes en particulier connaissent toutes les délices du tafia, cette liqueur qui supplée au déficit de la nourriture aussi bien qu'il donne aux nerfs, pour un instant, une force herculéenne qui fait de notre travailleur l'être le plus énigmatique qui puisse être soumis pour la première fois à un observateur. Celui que notre alcool a excité ferait fi, durant six heures consécutives, du levier d'Archimède ; et le lendemain, il mettra pour tourner sur lui-même plus de temps qu'il ne faut à la lumière pour nous arriver du soleil à travers 31 millions de lieues.

C'est de ce repas frugal qu'il faut dégager l'avoir de la famille, tout d'abord.

Aux prix courants de nos marchés, on peut l'évaluer ainsi qu'il suit pour chaque jour :

Vivres, biscuits, cassaves ou pain	7 centimes
Pois ou légumes	2 centimes
Morue ou viande salée	5 centimes
Graisses, savon, luminaire	4 centimes
Tabac, tafia	2 centimes
	————
	20 centimes[3]

---

[3] MOYENNES DES OSCILLATIONS DANS LES PRIX DES ARTICLES D'ALIMENTATION DE 1804 À NOS JOURS

Morue	entre	7 centimes et 6 centimes la livre
Hareng	entre	5 centimes et 3 centimes la pièce
Petit-Salé	entre	20 centimes et 12 centimes la livre
Savon	entre	25 centimes et 17 centimes la livre
Tabac	entre	12 centimes et 30 centimes la livre

Voilà toute la valeur du festin qui quotidiennement s'ouvre sur les genoux des cinq membres de notre famille agreste, y compris les menus frais.

Pour beaucoup de personnes qui connaissent à fond l'existence un peu problématique des gens de nos campagnes, ce repas paraîtra seigneurial, quand surtout ils songeront au fabuleux rôle que joue une miette de hareng dans la déglutition des bananes.

20 centimes par jour mettent le revenu de la famille à P. 73 par an.

Cette somme ne passe pas sous la forme monnayée dans les mains de nos producteurs; mais elle n'est pas moins effectivement créée et dépensée. Les soins qu'il faut donner aux cafiers n'absorbant pas tout le temps des laboureurs, ceux-ci s'adonnent à d'autres cultures, et ils trouvent chez eux-mêmes le premier débouché de leurs produits secondaires. La portion de ces produits qu'ils ne consomment pas est échangée contre d'autres articles d'alimentation. Si bien que, le tout évalué, monte à cette valeur de P. 73.

Mantègue	entre	10 centimes et 20 centimes la livre
Riz	entre	5 centimes et 6 centimes la livre
Farine	entre	5 centimes et 6 centimes la livre
Maqueraux	entre	14 centimes et 10 centimes la pièce
Tafia	entre	30 centimes et 20 centimes le gallon.

Trois causes soudaines survenaient autrefois pour jeter la perturbation dans l'économie domestique et pour faire asseoir la faim dans les foyers du peuple : 1° les petits marchands qui pullulent jusqu'à présent, et qui, en surhaussant les prix ci-dessus, pompent leurs existences du suc des travailleurs ; 2° le papier-monnaie qui, par les soubresauts de sa valeur de change, rasait surtout les petites bourses ; 3° l'éloignement des lieux d'approvisionnement de nos marchés. — Ces deux dernières causes ont cessé d'influencer sur les conditions de la vie Haïtienne : le papier-monnaie a été retiré de la circulation, et des lignes de bateaux à vapeur établissent de fréquentes communications entre Haïti et les États-Unis, pris aujourd'hui pour le grenier de notre existence.

Si des contre-temps surviennent, qui dérangent les provisions du budget rustique, l'homme part pour la ville où il vient chercher, dans un travail à la journée, l'appoint de la nourriture de la famille. — Il brave alors la sollicitude railleuse de la loi qui circonscrit sa locomotion, durant la semaine, dans les limites de son champ.

De telle façon ou de telle autre, on peut donc inscrire à l'avoir de la famille la première somme qui représente les frais de sa nourriture de l'année.

Viennent après cela les 2 092 livres de café que lui a apportées sa récolte de 1 863, l'une des plus grasses.

Au prix moyen de cette année a été vendu P. 11,53 % ; le taux de l'impôt était de P. 2,3½ % ; total 13.56 ½.

2,092 livres de café à 13,56½ donnaient une valeur réelle de P. 283.67.

De là cette faculté contributive d'une famille haïtienne, occupée à l'industrie caféière, pour l'année 1863 :

1° Revenu brut divers . . . . P. 73
2° Revenu brut du café. 283,67
Revenu général brut . . . . P. 356,67

De cette somme ainsi déterminée, laquelle est rigoureusement nécessaire à l'entretien de cinq personnes, qu'est-ce qui a été abandonné pour les besoins de l'État ?

Trois portions :

1. Impôt du café, prélevé sur la quantité exportée   P. 26,48

2. Bénéfice de l'entremetteur, qui a nom légal de spéculateur, dont l'office est d'acheter le café directement du producteur pour le revendre à qui a droit de l'embarquer. . . . . . . 36,88[4]

---

[4] Nous avons pris P. 1,50 % pour la moyenne du net bénéfice des spéculateurs. On observera que ce prélèvement s'accroît en raison de l'éloignement du

3. Impôt de consommation 7,92

Total P. 71,28

Il résulte de ce total que chaque membre de la famille qui produit le café a été imposé, en 1863, de P. 14,25.

Et l'Angleterre, la première nation sur l'échelle fiscale, n'a pu demander, en 1860, à un homme de ses classes pauvres que 11 piastres 11 centimes !

Chose plus épouvantable, tandis que la plus riche famille Haïtienne était condamnée à porter une charge de P. 7,92, c'est-à-dire, P. 1,58 par chaque tête, le plus pauvre citoyen gémissait sous le poids de P. 14,25, poids neuf fois au moins aussi lourd que l'autre.

Autre chose digne de remarque, le fisc après avoir enlevé pour son compte 36,48 de l'avoir en café de nos misérables campagnards, autorisait encore le prélèvement de 26,88 en faveur du spéculateur, c'est-à-dire trois fois plus et au-delà de ce qu'il se reconnaissait le droit d'exiger des plus fortunés.

Poursuivons :

P. 356,67 étant le revenu brut de la famille.

P. 71,28 étant l'expression de l'impôt payé

P. 285,39 restent pour défrayer l'existence de cinq créatures humaines à raison de P. 76 par an pour chacune d'elle, soit par 4,25 par mois, soit 14 centimes par jour.

---

port ouvert à l'exportation de la denrée. — Au mois d'août de 1843, alors que le Port-de-Paix était fermé au commerce exotique, on a vu le prix du café, dans les quartiers du Nord-Ouest, se fixer à 1,85 les 100 livres, tandis qu'au Port-au-Prince il montait jusqu'à P. 4. Le spéculateur enlève, pour son compte propre, de 50 centimes à 2 piastres par 100 livres de café. Par les effets de la spéculation il peut aussi perdre ou gagner davantage.

Certes, ce ne serait pas là l'extrême misère.

Mais malheur! Si la famille n'a pas récolté le café dans son propre sol, car il lui faudra distraire de ce qui lui reste pour couvrir le prix de sa ferme.

Malheur! Si le papier-monnaie existe, parce qu'alors l'agiotage fera dans les cafés une rafle sensible.

Malheur et désastre! Si pour nos denrées a sonné le glas du monopole.

Le revenu moyen par mois d'un homme à la campagne a été trouvé, avec une approximation suffisante pour l'année 1863, égal à P. 4,25. En ville il pouvait s'estimer jusqu'à 15,33. Voici comment ce chiffre peut être déterminé :

Revenu moyen mensuel des serviteurs à gages,

eu égard aux frais de nourriture et de

logement, dont le plus ordinairement ils
sont dégrevés . . . . P. 4

Revenu moyen des travailleurs qui ont
charge de leur nourriture et de leurs logements 12
Revenu moyen des autres Haïtiens les plus aisés 30

P. 46

Ensemble ces trois revenus donnent pour la moyenne de chaque P. 15,33

Nos campagnes, avons-nous dit, sont peuplées de 600 000 âmes, faisant, à cinq membres chacune, 120 000 familles. Restent 80 000 autres familles, tenant dans les villes, faubourgs et bourgs, qui complètent le million de la population que nous supposons.

Prises dans la plus simple expression de leurs facultés, nos 200 mille familles offrent ce résultat :

120 000 familles à P. 356,67 par an soit   P. 42 800 400

80 000 familles à P. 918,30 par an soit   P. 73 584 000

Moyenne *minima* du revenu général
et brut de la nation . . . . P. 116 384 400

Or, dans cette même année de 1863, la recette publique est montée à P. 3 044 551.

Il est donc évident que pour trouver cette somme, il suffirait au fisc de prétendre à P. 2,61 pour cent sur le revenu de chaque famille Haïtienne.

Est-ce ainsi qu'il procède ?

Non.

P. 2,51 pour cent sur 356,67, soit P. 9,30, voilà tout ce qu'on était en droit, par justice et par humanité, d'exiger d'une malheureuse famille, luttant pour renfermer son existence dans l'exiguïté de ses moyens.

Eh bien ! À cette malheureuse famille on a demandé P. 71,28, tournant ainsi le dos à ces autres existences qui se mènent à raison de 2, 3 et 4 piastres, quotidiennement, sans parler de celles qui dépensent bien au-delà.

Appliquée rigoureusement, la règle de l'impôt sur le revenu dans notre cas se formulerait ainsi :

P. 2,61 pour cent sur 356,69 de revenu = P. 930 x 120 000 familles = P. 111 600

P. 2,61 pour cent sur 919,80 de revenu = P. 24 x 80 000 familles = P. 192 000

Total du chiffre du budget de 1863, négligeant les fractions   P. 303 600

Mais renversant toutes les notions admises dans le gouvernement d'un peuple, notre fisc a préféré prendre aux plus riches P. 7,92, c'est-à-dire 86 centimes pour cent de leurs revenus, tandis qu'il n'a pas reculé de prélever sur les plus pauvres 71,28, soit 20 piastres pour cent de leurs revenus à eux.

En résumé nos lecteurs auront retenu ceci :

En 1863, un homme à cultiver le café s'est vu contraint de payer au fisc seul P. 8,88, et, avec la rançon du spéculateur, P. 14,25 ; et un autre citoyen, par cela seul que son industrie est différente, n'a eu à verser aux caisses publiques que P. 1,58.

Maintenant, nous pouvons, sans plus de raisonnement, mais non pas avec de moindres émotions pathétiques considérer, après l'exemple tiré d'une récolte grasse, le sort fait aux imposables de la terre aux années maigres.

L'homme qui produit le café, avons-nous dit, fait sa nourriture tant mal que bien, avec ses jardinages, l'élève de quelques bestiaux, des travaux partiels qu'il entreprend chez autrui, soit à la journée, à la moitié de la journée, ou à l'heure, ce qu'il appelle lui-même faire une *barbe*.

De ce fonds qui fait capituler la faim, il tire la dépense la plupart du temps imprévue des funérailles d'un parent. Cette dépense est toujours appréciable, parce que, suivant une crédulité courante dans nos campagnes, un mort n'est qu'un revenant malfaisant, si une copieuse libation n'a été faite sur son cercueil, si tous les invités n'ont pu se remettre à Bacchus du soin d'exclamer leur douleur.

L'argent retiré du café reste entier pour couvrir les frais des aunes de toile qui servent de vêtements à la famille, pour lui donner quelque fois des souliers qu'elle porte accidentellement, pour lui acheter les deux ou trois lames tranchantes, seuls instruments aratoires connus et en usage depuis l'ère de l'esclavage, pour permettre de porter le deuil d'un parent, fut-ce deux ou trois ans après le décès, et enfin pour commémorer, par les apprêts d'un service funèbre unique, la mémoire d'un père et d'une mère, dont la reconnaissance s'impose dans un inévitable gala aux enfants qui veulent être les bienvenus auprès de l'Éternel.

La primeur de la recette des cafés défraie généralement les travaux de la cueillette et de la décortication. Les voisins, sous la forme du secours mutuel, s'invitent dans des agapes champêtres que le créole nomme *coumbites*, et que le latin apparemment eut appelé *accumbit mensae*. Il s'établit entre tous les partenaires une véritable émulation et un juste sentiment de honte qui consiste à ne pas consommer le régal de son hôte sans lui donner un travail au moins équivalent. L'orgueil de celui qui reçoit le tient à son tour en garde contre les traits satiriques des invités. Si bien que les frais pour la récolte sont encore notables, sans cesser d'être fort économiques, par le temps que fait gagner ce genre de travail.

À cette époque de l'année, l'animation est grande sur les versants de nos montagnes d'où va rouler, jusqu'à tomber dans la tasse vermeille, cette

… Liqueur aux poètes plus chère

Qui manquait à Virgile et qu'adorait Voltaire.

C'est aussi le temps du jubilé de notre commerce, pour qui toute autre saison est dite *morte*.

Qu'on songe aux 83 712 345 livres de café qui, au prix de P. 13,56½ pour cent, représentent 11 millions 355 mille 579 piastres, somme qui va passer dans la balance des spéculateurs pour se jeter rapidement dans les canaux de l'échange, et l'on aura une idée de la répercussion du bruit de nos montagnes dans la République entière. Combien sont-elles en effet ces existences qui tiennent, soit du gouvernement, soit du centre et de la banlieue de nos villes, qui n'ont pas à disputer leurs parts, grandes ou petites, dans cette miroitante somme ? – Que de familles au sein de nos cités y puiseront presque la totalité de leurs moyens de vivre durant l'année complète ! – Aussi quelque universelle sollicitude entoure chacune de nos récoltes ! Que de soins prescrits ! Que d'autorités chevauchant ! Que de peines ! Que de débats ! Quels codes ! Quelles lois ! Quelle responsabilité pour les officiers champêtres ! Des circulaires ministérielles dont la quantité tapisserait la plus royale case de nos montagnards ! – Toute la vie nationale elle-même semble avoir son secret dans le fond de nos sacs de cafés. Péroraison de la tribune, éloquence de nos autels de la patrie, la presse aux mille voix, tout s'inspire à la grande source de l'intérêt pour répéter à l'unisson qu'il faut sans cesse à la patrie une récolte soignée et abondante.[5] Aux rostres fiscales on verra monter, comme en 1828, un sénateur à la voix autorisée qui, son Virgile dans la mémoire, flûtera aux oreilles de la gent moutonnière l'idylle de laquelle nous détachons la strophe suivante :

Dans l'agréable séjour des champs, tout nous promet des jouissances toujours paisibles, tout nous démontre que la nature bienfaisante, qui est prodigue de ses dons, offre à l'homme laborieux tous les moyens de se rendre heureux. Les vrais cultivateurs doivent donc être considérés comme des Antées auquels la terre donne sans cesse de nouvelles forces, lorsqu'ils la touchent ; et le travail, qui est le père de la santé, leur fortifie si bien le corps, qu'il le rend souvent inaccessible aux infirmités même de l'âge... Agriculteurs, c'est à vous, c'est

---

[5] Le café se vendait en Haïti en 1830, à P. 9 ; en 1834, à 12. La situation commerciale s'était donc améliorée en Haïti, partant *la position de chacun*, puisque le café est la principale production du pays et que les transactions se règlent d'après son prix. — B. Ardouin. *Histoire d'Haïti.*

à cette portion intéressante de la société, que le Sénat se plaît à rendre les témoignages éclatants de la satisfaction publique. (Discours du Sénateur Lespinasse, 1828).

Puis, il conviendra au bulletin officiel de nos lois de s'extasier, comme en 1832, devant les beautés de la fête de l'agriculture et de « remarquer, avec le sourire de la satisfaction, que le Président d'Haïti, toujours soigneux d'honorer le mérite et les vertus sociales, a fait monter sur la plate-forme de l'autel de la patrie, le Sénateur J. F. Lespinasse et lui a décerné également une couronne de fleurs, comme un témoignage dû à la constance qui lui a procuré les grands succès qu'il a obtenus dans ses entreprises agricoles et manufacturières (sucrières). »

En attendant, des cafés vont descendre, pour affluer dans le courant qu'on nomme les ports ouverts de la République, et où le fisc, campé, procédera froidement à sa royale capitation sur les plus misérables d'entre nous.

À ces moments, qui n'ont de cesse, où va se faire la dime du travail du pauvre, c'est à peine si une voix généreuse et plaintive, se prévalant des lois de la miséricorde, pourra traverser la zone desséchée de nos cœurs. Presque tous auront oublié que ces P. 11 355 579 ont pour maîtres légitimes 40 mille familles productrices, et que c'est à ce lambeau de 56 piastres 77 centimes, qui reviennent par an à chacun de ses membres, que la chasse va être donnée inhumainement. Est-ce donc trop de 15 centimes ½ par jour pour toute une existence !

Je sais qu'il sied de dire toujours à propos à chacun de nos travailleurs qu'il est possesseur d'un capital inépuisable tant qu'il peut à l'aide de ses muscles ouvrir la terre de ses pères pour en faire sortir les fruits d'un sol sans rival.

Mais il est cruel de se couvrir les yeux pour ne pas voir ici la réalité, de se boucher les oreilles pour ne pas entendre la vérité de ces paroles : « la richesse du travailleur consiste dans un travail assuré qui lui donne de quoi nourrir sa famille : à peine ses plus grandes réserves pourraient-elles le nourrir huit jours sans un nouveau travail. Peut-on leur envier une bonne nourriture, si bien méritée ? « (Melon. Essai politique sur le commerce).

Lors donc que tout s'agite et s'anime dans la République, que de l'existence de chacun les droits et les besoins sont invoqués, c'est le signe que nous sommes en pleine récolte des cafés, et qu'un cinquième de la population est pressuré au profit de tout le reste.

La seule expression des chiffres achèvera de montrer le côté hideux d'un système qui, pour se préoccuper du bien être public, étend son mépris sur les droits et les besoins des producteurs eux-mêmes.

ANNÉE 1841

Recette publique		Part contributive de chacun		
Diverses	P. 1 901 369	Riche ou pauvre au maximum P. 2,68		
Impôt du café	784 638	Par famille	" "	13,40
	P. 2 686 007			

EXACTION DE L'IMPÔT

Récolte du Café		Prix du Café		
Quantité exportée	34 114 717 livres	Taux du commerce le %		P. 36,17
Consommé à l'intérieur	12 000 000 "	Taux de l'impôt	le %	2,30
Total	P. 46 114 717 livres			P. 8,47

Revenu brut d'une famille		Imposition de la famille	
Divers	P. 73	P. 2,30 P. % sur 862 liv. café exporté pour l'État	P. 19,61
		1,50 pour le spéculateur	12,79
Produit de 1 153 livres café	97,65	Taxes de consommation	9,50
	P. 170,65		P. 41,90

Donc, en 1841 :

Le fisc a pris près de 2 pour cent du revenu brut de la famille, notoirement la plus pauvre.

Il lui a en tout cas, enlevé P. 28,50 de plus qu'aux autres, même dans la supposition qu'il fallut considérer tous les citoyens égaux en fortune ;

Il a réduit chacun des membres de cette famille à mesurer le cercle de son existence avec un rayon de 5 centimes par jour ;

Et finalement il a produit ce résultat :

Impôt sur 200 000 personnes		Impôt sur 800 000 personnes	
Le café	P. 784 638	Par les taxes générales de consommation	P. 1 901 369
Leurs taxes de consommation	380 273	Moins	380 273
	P. 1 164 911		P. 1 521 096

C'est-à-dire qu'au lieu des 2 piastres 68 centimes qu'il fallait à la rigueur exiger de chaque Haïtien, on a préféré repaître l'œil de la justice du spectacle du plus pauvre portant près de trois fois la charge laissée au plus riche.

Tout à l'heure nous ferons voir au lecteur, lorsque nous suivrons le fil historique de notre impôt odieux, que le principe de la division de la population en forces contributives est nettement posé dans notre législation, que, par son revenu, notre pauvre agriculteur devrait être dix fois moins imposé que tout autre citoyen, et que, dans le cas d'une capitation simple, son rang serait le vingtième, c'est-à-dire le dernier sur le tableau du subside réclamé par l'État. Alors il comprendra que c'est de propos délibéré que nous avons renoncé à poursuivre le triomphe des principes d'une justice essentielle, aimant mieux nous en tenir à ce qui a été établi, sous l'empire des circonstances, durant les époques chaotiques de la nation.

ANNÉE 1857

Recette publique		Part contributive de chacun	
Diverse	P. 1 500 000	Riche ou pauvre, au maximum	P. 2,40
Impôt du café	903 923	Par famille	12
	P. 2 403 923		

EXACTION DE L'IMPÔT

Récolte du café		Prix du café	
Quantité exportée	46 965 265 livres	Taux du commerce le %	P. 6,18
Consommé à l'intérieur	12 000 000 "		
	58 965 265		

Revenu brut d'une famille		**Imposition de la famille**	
Divers	P. 73	Le cinquième de 1 174 liv. café exporté en nature pour l'État	P. 22,59
		1,50 pour le spéculateur	16,81
Produit de 1 474 livres	91,09	Taxes de consommation	7,50
	P. 164,09		P. 46,90

Impôt sur 200 000 personnes		**Impôt sur 800 000 personnes**	
Par le café	P. 903 923	Par les taxes générales de consommation	P. 150 000
Par leurs taxes de consommation	300 000	Moins	300 000
	P. 1 203 923		P. 1 200 000

Nous n'avons pas sous les yeux le chiffre exact des recettes diverses pour 1857; en prenant celui de l'année commune, P. 1 500 000 nous mettons ici le doigt sur la plaie, nous voyons les producteurs de café payer autant d'impôts que tous les autres membres de la République pris en masse.

Un des rares bienfaits de la révolution de 1843 fut d'amener le dégrèvement des cafés; et la valeur du droit qui subsista, payable en papier-monnaie, ne représenta plus, en 1849, que 20 centimes de la piastre. Quoi qu'il en soit, cette année 1849 nous fait toucher à une autre période lamentable de ce régime financier qui a fait d'un groupe de nos travailleurs les bêtes de somme de la république. Les émissions du papier-monnaie avaient tout à coup porté les prix des marchandises à des limites élevées qu'on connaissait pour la première fois. Le peuple entier jeta de hauts cris sous les étreintes d'une misère inaccoutumée dans nos climats. Le monopole parut à l'administration une mesure lumineuse propre à atténuer, pour les classes nécessiteuses, le joug commercial d'où semblait provenir la cause de la disette publique. Mais elle ne fit en réalité que conjurer la faim sur les estomacs de ses administrés. On croyait en 1849, comme beaucoup croient encore aujourd'hui, que notre fève, tant précieuse, est forcément la régulatrice de nos marchés. En réglementant le prix des cafés, l'administration publique espérait que toutes les marchandises, et notamment les articles de première nécessité, après avoir battu de pressantes oscillations, viendraient se fixer sur une ligne idéale et que leurs prix entreraient désormais en rapport officiel avec la volonté du gouvernement. Ces prémisses posées, on en tira l'irréprochable conséquence qu'il fallait coter le café au plus bas prix possible. Le phénomène de l'émission du papier-monnaie ne fut pas arrêté ; et l'illusion gouvernementale ne devint que plus complète. La récolte des cafés se vendit à vil prix ; les 100 livres, qui valaient en Europe 12 piastres, furent payées, en moyenne, 2 piastres 95 centimes à la capitale. La baisse dans le prix des cafés ne détermina pas la fluctuation attendue dans la valeur des autres marchandises, laquelle conserva obstinément son rapport avec l'étalon monnayé et semblait, au contraire, dans l'optique des nécessiteux, se déplacer en raison de toutes les espérances. En fait, les cultivateurs, et en général tous ceux qui vivent sur le produit des cafés, étaient subitement affamés, car leurs facultés n'allaient plus jusqu'à pouvoir acheter de ces choses les plus indispensables à l'existence. Le principe du monopole, l'idée initiatrice de la mesure, déjà si riche en déceptions, fut encore compliqué d'une dangereuse pratique : l'administration fixa elle-même les prix de tous ces articles qui s'imposent à la consommation de la masse. Logiquement, le commerce, ne trouvant plus son compte, suspendit ses importations ; la rareté des marchandises se déclara sur nos marchés, enfin leurs prix, que visait l'administration, montèrent comme des fusées. Il y eut presqu'un désastre alimentaire dans cette année 1849. La généralité des citoyens s'en ressentit. Ainsi à la baisse violente de la valeur des cafés n'avait pu correspondre que la hausse de la plupart des autres valeurs, hausse doublement causée par le rétrécissement du commerce et par la dépréciation du papier-monnaie.

On découvrira difficilement par quelle évolution de son esprit satirique la masse haïtienne, qui souvent rit de ses misères, est arrivée à baptiser du nom d'Adonis ce temps où le Chef du gouvernement lui jurait le plus son amour. L'Adonis pèse, signifiait gaiement en 1849 la détresse des estomacs.

Le monopole haïtien, deux ou trois fois essayé, ne ressemble en rien au même principe qu'on trouve parfois établi dans d'autres pays. Les caféteries ne sont point mises en régie, encore moins se préoccupe-t-on de déterminer le prix de revient de chaque sac de café avant d'en fixer le cours. Il semble que dans l'esprit de nos gouvernants le café est comme l'air, l'eau, le feu, un de ces éléments premiers qui sont et doivent rester la propriété commune de tous. Celui qui le cultive, le récole, n'a pas intérêt dominant dans la question ; c'est encore un esclave qui a pour maître la collectivité sociale.

Par la fixation arbitraire du prix des cafés, le monopole, tel qu'il se pratique en Haïti, enlève aux familles cultivatrices une somme assez considérable qu'il remet au Commerce, à charge pour ce dernier d'en faire profiter le peuple entier par une baisse proportionnelle dans les prix de toutes les marchandises.

Cette notion d'une économie politique primitive, renversant toute comptabilité commerciale, a toujours fort heureusement rencontré, pour lui en remonter, une pratique impitoyable.

Il ressort, en définitive, de tout ce que nous avons dit qu'une notable portion des citoyens d'Haïti, puissants moteurs de nos travaux les plus productifs, sont pris et broyés depuis 72 ans dans l'engrenage de notre système financier.

Je sais que, dans le tableau de la vie misérable des gens de nos campagnes, on peut faire apparaître la silhouette de quelques personnes d'une aisance relative. Il en est, par exemple, qui comptent à leur avoir quelques cents pas de terre, quelques têtes de bétail, et qui, dans certains jours de cérémonie champêtre, s'affublent de toilettes agrestes. Mais qu'est-ce que cela à côté de cette existence presque contaminée que mène la généralité de nos campagnards? Si l'on veut du reste approfondir les causes de ces exceptions, on ne fera que fournir à la morale de plus justes occasions d'alarme. On n'ignore pas qu'il se rencontre des chefs de cultures qui exploitent à leur profit des familles entières, qu'ils transforment en valets de leurs champs, des chefs qui gardent sur leurs terres de véritables troupeaux d'êtres humains, lesquels y paissent l'existence, en faisant les affaires de leurs guides tutélaires. On n'ignore pas non plus le sort de ces inévitables emprunts que les producteurs de café contractent aux approchent des récoltes. On ne vend pas le café à qui ne fait pas des avances. C'est là un aphorisme bien posé dans nos mornes. C'eût été une statistique au moins curieuse que celle qui viendrait révéler la dette de la propriété caféière en Haïti. Quant à l'idée d'une liquidation ou de l'exportation, personne n'y a jamais songé; cette idée serait aussi chimérique que téméraire; le propriétaire là-dessus est rassuré autant qu'on peut l'être; chaque année sa foi est ravivée par de nouvelles avances qu'il sollicite et qu'il ne manque pas d'obtenir. Le bailleur de fonds s'efforce de son côté de corriger sa comptabilité par les pesées compensables de sa folle balance. Si bien, qu'entre l'acheteur et le vendeur, il s'établit un rapport dans lequel entre un terme conventionnel immoral, la ruse.

Tel est le résultat final d'un impôt inique, absurde, qui, en plaçant des citoyens les uns dans la dépendance des autres, les porte à se duper ; d'un impôt qui oblitère le sens moral chez les uns et les autres, et qui, en éloignant les cœurs, rend plus redoutable en Haïti le fléau de la guerre civile.

Le tableau suivant résume le long martyrologe de nos producteurs de café. Il ne nous a pas été donné de le rendre plus complet, malgré nos soins et nos recherches. Mais il se compose d'assez d'éléments positifs pour suggérer à l'esprit du lecteur le moins attentif toute la suite de considérations qui militent en faveur de l'abolition de l'impôt des cafés.

Tabeau 1

En jetant les regards sur ces autres tableaux on reconnaîtra quels ont été et quels sont encore nos centres de population les plus intéressés dans la question.

CAFÉ EXPORTÉ

	1836	1837	1840	1841
Port-au-Prince	15 609 823	11 831 527	21 656 814	15 898 894
Jérémie	1 514 603	1 567 619	758 126	624 708
Cayes	7 147 373	6 086 089	7 344 347	5 691 448
Jacmel	4 942 012	4 278 803	4 701 066	3 739 002
Gonaïves et St Marc	2 078 394	1 176 552	1 779 081	873 175
Cap et Port-de-Paix	6 260 822	5 784 580	9 601 656	7 083 900
Porte-Plate	109 647	120 230	276 375	201 580
Santo Domingo	…	…	8 807	1 920
Livres.	37 662 674	30 845 400	48 126 272	34 144 627

1865 Arrondissements Financiers	Café Exporté	Villes du littoral où aboutissent les Cafés. Récolte Moyenne.	
Port-au-Prince	18 194 208	Port-au-Prince	8 000 000
		Léogâne	1 200 000
		Grand-Goâve	1 200 000
		Petit-Goâve	5 000 000
		Arcahaie	150 000
Miragoâne	1 003 854	Miragoâne	2 500 000
		Anse-à-Veau	1 500 000
		Petit-Trou	450 000
		Baradères	600 000
		Petite Rivière	500 000
Jérémie	2 880 091	Jérémie	2 000 000
		Dame Marie	150 000
		Abricots et Roseaux	50 000
		Corail	450 000
		Pestel	250 000
		Anse-d'Hainault	100 000
		Tiburon	40 000
Cayes	6 532 701	Cayes	5 000 000
		Port-à-Piment	140 000
		Chardonnières	100 000
		Port-Salut	20 000
		Coteaux	100 000
		Torbeck	25 000
Aquin	419 502	Aquin	350 000
		St-Louis du Sud	100 000
		Cavaillon	450 000
Jacmel	7 804 920	Jacmel	6 000 000
		Bainet	1 500 000
		Marigot	700 000
		Saltrou	600 000
		Côtes-de-Fer	40 000
Saint-Marc	453 734	Saint-Marc	600 000
Gonaïves	6 690 950	Gonaïves	4 000 000
Port-de-Paix	87 074	Port-de-Paix	250 000
		Môle St.Nicolas	50 000
		Jean-Rabel	100 000
		St. Louis du Nord	500 000
Cap-Haïtien	5 686 424	Cap-Haïtien	3 500 000
		Borgne	600 000
		Acul-du-Nord	25 000
		Limbé	25 000
		Fort-Liberté	80 000
		Trou	300 000
		Port-Margot	75 000
		Plaine du Nord et Petit Anse	75 000
Livres	49 705 458	Récolte Moyenne : Livres	48 845 000

Il nous faut maintenant suivre le fatal enchaînement des idées qui ont constamment fait verser nos administrations dans l'ornière fiscale.

Malgré ce qu'on serait peut-être tenté de croire, toute l'horreur de la mesure ne provient pas de nos temps primitifs.

Quand la France, maîtresse d'Haïti, alors Saint-Domingue, luttait contre la révolution coloniale, ses agents, à bout de ressources, prirent sur eux de lever sur la population, à titre d'emprunt forcé, le quart de tous les revenus agricoles. D'emprunt forcé qu'elle était, la mesure devint par la force du décret de la Convention française une imposition régulière, dite du quart de subvention. Ceci se passa de 1792 à 1973.

En 1800, Toussaint Louverture, élevé au sommet de sa gloire, maître absolu de Saint-Domingue, de Saint-Domingue sur qui la France ne conservait plus que la suzeraineté *pro nomine*, rendit dans la plénitude de son omnipotence l'arrêté suivant :

Cap-Haïtien, 1800.

Ma constante sollicitude pour le bonheur de mon pays m'ayant fait connaître les abus sans nombre qu'entraîne avec lui l'impôt du *quart de subvention*, je me suis déterminé à le convertir en un droit simple sur les objets d'importation et d'exportation ; et afin que les contributions pèsent également sur toutes les propriétés, d'après leur valeur, de créer un impôt sur les produits des maisons et des diverses manufactures, équivalant à celui qui est établi sur les revenus des habitations, de manière que les produits réunis puissent suffire au paiement de l'armée et des fonctionnaires publics, etc.

En conséquence, j'arrête ce qui suit :

1. À dater du jour de la publication du présent arrêté, les droits du *quart de subvention*, du 16e et du 20e, établis sur les revenus des habitations et perçus en nature, sont abolis.

2. Toutes les denrées exportées de la colonie, de quelque nature qu'elles soient, sont soumises à un droit de sortie de 26 %.

4. Toutes les marchandises importées dans la colonie, quelles que soient leur qualité et leur valeur, sont soumises à un droit d'entrée fixé à 20 pour 100. (Notons que quelques jours après, ce droit fut abaissé à100 % et que l'année suivante les articles de première nécessité ne payèrent plus que 6 %).

7. Dans les ports désignés pour les importations et exportations, il sera établi des *douanes*.

17. Toutes les maisons des villes, bourgs et embarcadères sont imposés à un droit de 20 % de la valeur de leur foyer.

21. Toute manufacture, de quelque nature qu'elle soit, comme guildive, tannerie, chaufournerie, poterie, briqueterie et tuilerie, dont les produits ne consomment dans la colonie, sera assujettie à un droit de 20 % sur la valeur de tous les objets qui y seront fabriqués ou manufacturés.

Toussaint Louverture.

Par cet arrêté, Toussaint-Louverture effaçait d'un trait le caractère de colonie agricole qu'il avait convenu à l'intérêt français d'appliquer à un pays qu'avaient conquis des flibustiers. Une même juridiction fiscale régit désormais toutes les propriétés, et les revenus privés, quelles que fussent leurs sources, contribuèrent à former la recette publique. Le fardeau de la colonie en se répartissant de la sorte, s'allégea sur les épaules des ex-esclaves.

Sous Toussaint-Louverture, toutes les terres d'Haïti avaient des possesseurs au moins en titres : les colons et la France. Le premier général des noirs ne put que rouvrir les ateliers agricoles où vinrent se faire avec succès les premières épreuves de notre vie libre. Réserve faite sur le caractère de certains moyens, qui se ressentaient du reste autant de l'époque où ils étaient de mise que de l'infériorité de ceux à qui on les appliquait alors, on ne peut nier la bienfaisance et la clairvoyance de cette volonté qui s'interposa entre le maître et le nouveau libre, pour les tenir tous les deux dans la rigoureuse observation d'un contrat réciproque, et pour dissimuler le moment où nos préparatifs devaient nous permettre de vider la querelle à mort que des siècles de provocation avaient fomentée.

Si, après les avoir comparés, on les rectifie, on les corrige l'un par l'autre, les deux auteurs étrangers qui ont écrit sur notre pays, Pamphile de Lacroix et Pelletier Saint-Rémy, on trouvera que le budget du premier des noirs avait été prévu pour l'année 1801 dans les environs de P. 5 000 000. Alors le mouvement de l'importation et de l'exportation représentait à peu près P. 5 000 000. Les impôts en général ne dépassaient donc pas 10 % de cette somme.

Pour l'époque qui précède la révolution coloniale, les dépenses du pays peuvent être représentés dans ce chiffre de P. 1 612 127, conservé pour l'année 1790. Toussaint Louverture, en triplant la contribution publique, cédait aux exigences d'un temps extraordinaire. Quoi qu'il en soit, les cafés en figurant dans cette somme pour P. 864 405, ne payaient que 2 %. L'impôt en ce temps ne se percevait pas sur le *quantum* des cafés, mais sur sa valeur. Au cours d'alors, le taux de 2 % était l'équivalent d'un impôt de 20 %, pris sur le revenu. Ainsi à l'aurore même de notre création sociale, nous n'avions pas atteint les exactions que nous contemplons de nos jours. La meilleure assiette de l'imposition faisait encore que le producteur payait plus ou moins, selon que le prix offert pour son produit augmentait ou baissait. Avantage que les malheureux d'aujourd'hui ont perdu. Les doigts acquittés par les cafés montaient à près du sixième du budget, tandis que maintenant ils n'en sont pas loin de la moitié. Ce qu'il importe surtout qu'on se ressouvienne, c'est que toutes les caféteries étaient concentrées, dans les mains d'un petit nombre de propriétaires, des blancs pour la plupart, et qui tous formaient la classe des gens les plus riches de la colonie. La taxe sur les cafés, par cela qu'elle était élevée, avait donc une tendance à progresser dans le sens de la fortune, ce qui n'est que juste si l'on veut considérer l'équité dans la loi d'impôt.

Suivant un relevé de l'intendance coloniale, il existait en 1790 à Saint-Domingue 2 810 caféteries. Moreau de Saint-Méry en porte le chiffre d'abord à 3 117, puis ce chiffre il l'augmente au fur et à mesure qu'il pénètre dans les parties de l'Île dont il fait la description. Ces divergences doivent tenir aux modes différents de grouper la propriété ou de délimiter les cultures. Il est vraisemblable toutefois que vers cette époque on pouvait compter autant de propriétaires de cafés qu'il existait de caféteries officiellement constatées, c'est-à-dire 2810. En 1801, l'exportation de la denrée était descendue de 68 millions au chiffre exact de 43 320 270 livres, représentant une valeur de P. 4 332 027, au prix de P.10 pour cent qui avait cours. Le partage de cette somme avait lieu comme suit :

Pour les propriétaires réunis	P. 2 600 717
Pour l'impôt	864 405
Pour le salaire des travailleurs[6]	866 905
	P. 4 332 027

---

[6] Par sa législation, Toussaint-Louverture avait fixé le salaire des nouveaux ouvriers des ateliers agricoles au quart du produit brut de chaque propriété rurale, à prendre après le relèvement de l'impôt. La proclamation de la liberté générale disait au contraire :

Art.12. Les revenus de chaque habitation seront partagés en trois portions égales, déduction faites des impositions, lesquelles sont prélevées sur la totalité.

Un tiers demeure affecté à la propriété de la terre, et appartiendra au propriétaire. Ils auront la jouissance d'un autre tiers pour les frais de faisance-valoir ; le tiers restant sera partagé entre les cultivateurs. 29 août 1793.

Sonthonax.

Le surcroit de charge imposé par T. Louverture entrait dans le budget de notre indépendance.

À l'époque où s'exerçait l'autorité administrative de Toussaint-Louverture, beaucoup de propriétaires blancs avaient déjà fui la colonie. Leurs biens, confisqués aux termes des décrets rendus par les assemblées françaises contre les émigrés, furent joints au domaine public.

Dès ce moment commença le système des fermages, dont l'idée, suggérée au puissant gouverneur, se développa par son habileté incomparable et couvrit son véritable règne de ce luxe économique qui fixa longtemps les regards du monde étonné. Si, sous le premier des noirs, nous n'avons pas pu jouir des conditions directes de la propriété, du moins lui sommes-nous reconnaissants d'un bienfait autrement décisif, qui porte l'éternel et irrécusable témoignage de sa profondeur de vue ; nous voulons parler du partage primitif qu'il fit de la puissance sociale.

À cette catégorie d'esclaves qui venait par sa valeur de faire irruption jusqu'au sommet colonial, Toussaint-Louverture, au grand déplaisir des classes supérieures qui se montraient jalouses de leurs privilèges, s'empressa de conférer titres, rangs, honneurs, dignités et richesse, tous les attributs enfin de la force civile, et créa ainsi de toute pièce, à défaut de temps, une puissance arbitraire à l'instar de tout pouvoir qui commence, capable de faire évanouir bientôt tout le vieil ordre social. Quand la France vint déployer contre nous la force de ces armées, elle se heurta à l'arbre inébranlable des intérêts nouveaux qui avait été si soudainement enfoncé dans le sol de Saint-Domingue. La victoire nous resta, et notre État fut fondé. De telles considérations pèseront éternellement d'un grand poids dans la balance économique d'un peuple.

On lit dans Pelletier Saint-Rémy que le nombre total des blancs disséminés dans nos campagnes, avant les bouleversements de la colonie, était de 16 410 et dans les villes et bourgs de 20 950. Le *domaine* public avait été substitué à la plupart par rapport à leurs propriétés. On peut donc s'en tenir à ce chiffre de 2810 qui a été donné pour celui des seuls propriétaires des caféteries ; et, nonobstant le changement des personnes, on peut encore considérer ce qu'était sous le gouverneur noir de Saint-Domingue un impôt qui accable aujourd'hui tant de gens. Les P. 2 600 717 rencontrées étaient ainsi le revenu partageable entre 2 810 propriétaires ou fermiers, qu'ils fussent jaunes ou noirs, c'est-à-dire que P. 928 revenaient à chacun d'eux. C'est sur ce revenu individuel *minimum* que se prélevait l'impôt ; il va sans dire que le même individu jouissait de plus grandes facultés tirées de diverses autres sources. Or, au budget si considérable de Toussaint-Louverture, le taux de l'imposition ne s'éleva pas de beaucoup au-dessus de 3 pour cent de la valeur des cafés, tandis que de nos jours ce taux atteint la limite de 30 pour cent de la même valeur, juste le décuple, et s'aggrave, qui pis est, en s'abattant sur un revenu *maximum* de 50 à P. 60, unique fortune qu'il est permis d'attribuer à une tête de nos modernes campagnards.

Mais par-dessus toutes ces considérations domine un argument net, précis, complet, qui juge sans appel la cause pendante devant nous : c'est la masse des consommateurs de café qui en deçà ou au delà de la mer payait autrefois tout l'impôt des cafés. Les producteurs s'en déchargeaient sur les acheteurs, parce qu'alors il y avait unité de lieu pour la production et la consommation. Nos cafés ne rencontraient pas de concurrence sur les marchés français où ils se débitaient ; leurs valeurs n'étaient soumises qu'à la loi intérieure de l'offre et de la demande, et ces prix marchands ne descendaient pas au-dessous des prix de revient dans lesquels rentrait l'impôt. Alors le producteur commandait le marché, tandis qu'aujourd'hui il subit sa condition. Les ports de l'Amérique, de l'Angleterre, de la France, de la Belgique, de l'Allemagne et de la Russie, où nous envoyons maintenant nos cafés pour être vendus, sont aussi ceux où se donnent rendez-vous les cafés de toutes les autres provenances. Quand donc nos cafés sont surchargés d'impôts au gré de nos besoins publics, qu'ils sont portés sur des marchés qui ne sont adéquates à notre société, et qu'ils sont finalement vendus sans la préoccupation de ce qu'ils ont coûté à produire, il faut convenir qu'ils subissent un sort plus dur que celui que révèle l'analyse de nos temps primitifs.

Si, quoi qu'il en soit, nous voulions entrer plus avant dans ces époques éloignées, jusque sous l'ère calme et prospère de la colonie, nous n'aurions pas de peine à constater que le taux de l'impôt qui frappait les cafés ne dépassait pas 20 à 25 centimes par 100 livres.

Celui dont le génie conquit l'indépendance de Saint-Domingue, fut aussi celui qui donna à notre État naissant les fondements de son système financier à la fois juste et rationnel.[7] Dessalines qui résuma cette indépendance dans l'acte final de l'extermination des blancs, Pétion qui constitua la propriété aux mains des citoyens ci-devant esclaves ne prirent pas garde, ni l'un ni l'autre que sous le nouveau régime, ils ne pouvaient conserver l'impôt particulier des cafés qui, à partir de ce moment, pivotait sur une base devenue radicalement fausse.

Vainement s'attacha-t-on, dès l'entrée en scène de notre premier Empereur, à suppléer par un qualificatif au sens économique qui manquait à une charge, destinée à peser si désastreusement sur la tête de quelques uns :

«Tout propriétaire qui aura des denrées à vendre devra préalablement payer le quart dû aux cultivateurs et celui revenant à l'État, comme impôt *territorial*. (Arrêté du 7 février 1804).

---

[7] Depuis la douane, cette puissante création de Toussaint Louverture, jusqu'aux matières imposables, nous avons tout conservé à quelques changements près.

En principe, l'impôt territorial, c'est la redevance en faveur de l'État que supporte la propriété terrienne, qu'elle soit ou non exploitée, qu'elle produise des ronces ou qu'elle rapporte des épis d'or. La cote personnelle sous ce régime fiscal, est déterminée d'après la valeur de la propriété, c'est-à-dire d'après le rendement qu'elle aurait donné, si elle était mise en œuvre. Ce n'est plus l'impôt sur le revenu, c'est en général l'impôt sur le capital, et spécialement, comme ici, sur le capital terre. Dans ce cas, l'Imposition prend la forme simple d'une capitation rigoureuse, inflexible, qui n'admet de défaillance d'aucune sorte, pas plus du côté des forces de la nature, quand il s'agit des forces de la terre, que du côté de l'homme, quand il s'agit des facultés productrices. L'assiette d'un tel impôt est dans la présomption de la fortune individuelle, elle ressort du fait qu'on est possesseur de terres suffisantes à donner des revenus, que le fisc présuppute inexorablement. L'impôt territorial poursuit le capital, tandis que l'impôt *foncier*, qui prend le revenu, s'adresse au travail; le premier considère ce qui peut être, le second se borne à voir ce qui est; tandis que l'un n'admet aucun contre-temps, aucune mauvaise récolte, aucune déchéance passagère du capitaliste terrien, l'autre se donne pour devoir de ne poursuivre de la terre que les profits faits, les atteignant progressivement dans leur valeur établie, se contentant de peu, en prévision des années stériles, s'inclinant et se résignant même devant le cas où il n'y rien à prendre, comme celui où la terre reste en friche.

On voit bien vite où nous eut conduit l'impôt territorial, appliqué à la lettre. Combien d'entre nous, riches terriens de 100 et 200 carreaux de terre, qui ne peuvent envoyer à l'étable du boucher, faute par fois de quelques centimes.

Notre injustice a donc son origine dans la fausse idée que nous nous sommes faite de la terre. Séparée du travail, la terre est sans valeur économique appréciable, c'est un élément indispensable à la sociabilité, qui ne fait son entrée dans les rapports de l'échange que par le travail de l'homme. La législation qui impose la force propre de la terre, au lieu de juger et de taxer la force de l'individu, commet peu à peu une monstruosité. Il faut, je crois, fouiller bien loin dans l'archéologie financière des peuples de l'antiquité pour retrouver cette vieille arme fiscale, dangereuse à tous les points de vue.

Si nous n'en avons pas connu tous les ravages, dès le début de notre indépendance, nous le devons à tant de circonstances qui en ont atténué les effets au prix de la liberté individuelle.

Toussaint-Louverture, pour l'accomplissement de son œuvre gigantesque, combina cette organisation militaire inouïe dont un reste, palpitant encore sous les coups redoublés de la nouvelle raison publique, en atteste justement la puissance. Voici ce moule de la première phase de notre vie sociale.

Toussaint Louverture Général en Chef de l'Armée de Saint-Domingue.

Autorités civiles et militaires, voilà le plan qu'il faut adopter ; voilà le but qu'il faut atteindre ; c'est celui que je vais vous prescrire, et je promets de tenir la main à son exécution ; mon pays exige cette mesure salutaire ; les devoirs de ma place m'en imposent l'obligation, et la sûreté de la liberté l'exige impérieusement.

Considérant que le militaire qui a des devoirs sacrés à remplir, puisqu'il est la sentinelle du peuple, qu'il est perpétuellement en activité, pour exécuter les ordres qu'il reçoit de son chef, soit pour maintenir la tranquillité intérieure, soit pour combattre les ennemis de la République au dehors, est essentiellement obéissant à ses Chefs, et qu'il importe que les gérants, conducteurs et cultivateurs, qui ont également des chefs, se comportent, comme les officiers, sous-officiers et soldats pour tout ce qui a rapport à leurs devoirs ;

Considérant que depuis la révolution, des cultivateurs et cultivatrices, qui, parce qu'ils étaient jeunes alors, ne s'occupaient pas encore de la culture, ne veulent pas aujourd'hui s'y livrer, parce que, disent-ils, ils sont libres, et ne passent les journées qu'à courir et *vagabonder*, ne donnent qu'un très mauvais exemple aux autres cultivateurs, alors, cependant que tous les jours, les généraux, les officiers, les sous-officiers et soldats sont en activité permanente, pour assurer les droits sacrés de tous…

J'ordonne très positivement ce qui suit :

Art. 1. Tous les gérants, conducteurs et cultivateurs seront tenus de remplir avec exactitude, soumission et obéissance leurs devoirs, comme font les militaires.

Art. 2. Tous les gérants, conducteurs et cultivateurs qui ne rempliront pas avec assiduité les devoirs que leur impose la culture, seront arrêtés et punis avec la même sévérité que les militaires qui s'écartent des leurs ; et après la punition subie, si c'est un gérant, il sera mis dans un des corps composant l'armée de Saint-Domingue ; si c'est un conducteur, il sera cassé de son emploi, remis simple cultivateur ; si c'est un cultivateur ou une cultivatrice, il sera puni avec la même sévérité qu'un simple soldat, et suivant l'exigence des cas.

Art. 4 ….Prescrit positivement à tout individu quelconque qui n'est ni cultivateur ni cultivatrice de justifier incessamment qu'il professe un état utile qui le fasse subsister et qu'il est susceptible de payer une rétribution quelconque à la République ; si non, et faute de ce faire, tous ceux ou celles qui seront trouvés en contravention, seront immédiatement arrêtés, pour être, s'ils en sont trouvés coupables, incorporés dans un des régiments de l'armée ; dans le cas contraire, envoyés à la culture, où ils seront contraints de travailler. Cette mesure, à laquelle il importe de tenir la main, empêchera le vagabondage, puisqu'elle forcera un chacun à s'occuper utilement.

Art. 8. Les généraux, commandants les départements, me répondront dorénavant des négligences qui seront apportées dans la culture, et alors que, parcourant les diverses communes et départements, je m'en apercevais, je n'actionnerais directement qu'eux, qui les auront tolérées.

Art. 10. Les commandants des places ou militaires dans les bourgs ne souffriront pas que les cultivateurs et cultivatrices restent en ville pendant les décades.

La guerre de l'indépendance achevée, Dessalines tint toujours l'agriculture au pas militaire. La propriété fut condamnée à produire par la contrainte exercée sur le propriétaire. La loi et le gendarme restèrent des termes nécessaires de notre économie rurale.

Jacques 1er, Empereur d'Haïti, etc.

Considérant qu'une grande partie des habitants abandonnent la campagne pour se réfugier dans les villes, sans nul moyen d'existence ;

Considérant en outre, que ces mêmes individus peuvent devenir très dangereux à la chose publique, par leur état de misère, soit en fomentant des troubles intérieurs, soit en cherchant à passer dans les pays étrangers, par la crainte des faux bruits que des malveillants répandent, notamment dans la ville du Cap.

… Vers les ordres réitérés qui ont été donnés aux différents chefs de renvoyer à la culture des personnes sans aveu, résidant dans les villes ; et d'après la négligence qu'ils y ont mise jusqu'à présent.

Veut et entend, sa Majesté, ce qui suit, pour être exécuté dans sa forme et teneur :

Art 1er. Il sera nommé des commissaires d'Islet dans chaque ville, par les commandants de la place, qui s'occuperont de fournir, sur le plus bref délai, un état des individus de leurs quartiers respectifs.

Art. 2. Ces états devront faire mention des noms, prénoms, âge, profession, lieu de domicile et de naissance, avec les moyens d'existence que chacun a pour exister en ville. Ces mêmes états particuliers seront remis aux commandants de la place, qui en formera un général de la population, qu'il remettra au général commandant la division de l'arrondissement;

Art. 3. Le général, etc… convoquera de suite les personnes mentionnées dans le recensement, en assemblée générale, pour s'assurer si le dit recensement est exact, et d'après l'examen le plus scrupuleux qui en sera fait, celles qui n'auront point les moyens suffisants pour demeurer en ville, seront renvoyées à la culture.

Art. 4. Les particuliers, ayant des domestiques à leurs services, ne pourront conserver que le nombre nécessaire à leur besoin, le surplus sera renvoyé à la culture, pour y travailler, sans nulle exception, et sur la responsabilité des inspecteurs et chefs d'ateliers.

Mande et ordonne que la présente loi soit lue, publiée et affichée partout où besoin sera, et que chacun ait à se conformer à ce qui le concerne. [8]

Donné en notre Palais Impérial du Cap, le 25 octobre, 1804, ère de l'indépendance, et de notre règne le 1er.

---

[8] Les terribles effets de ces antiques mesures sont tels que, de nos jours encore, parler de recenser la population, c'est la faire se contracter à un tel point qu'on dirait qu'elle s'est fondue : Si, à la vérité, on ne craint plus d'être attaché à la glèbe du travail, reste l'enrôlement militaire dont la charge semble devoir être portée jusqu'à présent par les déshérités de la fortune exclusivement.

JACQUES,

Par l'Empereur

Le Chef d'escadron, DIAQUOY.

C'est par les moyens de cette sorte, qu'on put déroger au principe de l'impôt territorial, dès son établissement. L'État avait sa redevance assise sur la propriété ; mais loin de recourir contre le propriétaire en défaut, soit à l'amende, soit au double droit et finalement à l'expropriation, il se chargea d'appliquer de force des bras à l'agriculture. Responsable de notre production agricole, l'administration publique perçut tous les impôts, en fait, sur le revenu des citoyens. La propriété privée racheta sa sécurité devant l'imposition territoriale, en livrant les travailleurs à la coaction de la police.

Mais nul doute n'existe sur l'intention du législateur primitif de faire payer la terre, comme capital, indépendamment des droits qui atteignaient les produits tirés de son sein ou le revenu des propriétaires.

Le décret du 2 septembre 1806 porte.

Art. 1er. Les droits d'entrée, de même que ceux de sortie se percevront sur le pied de 10 pour 100.

Tarif des prix d'estimation ; cafés de toutes espèces 25 sols la livre.

Ainsi les deux impôts : le territorial et celui de sortie coexistaient, et pesaient sur la tête du même producteur cumulativement.

Sous l'Empereur Dessalines, cette double taxation équivalait à 5 piastres 3 centimes ¾. Elle se résumait ainsi :

Prélèvement sur 100 livres de café

25 livres, en nature, au prix de P. 15,40 %, soit P. 3.85

Droit d'exportation, *ad valorem*, sur les 75 liv. restant à P. 10 % soit 1,15.

Do de pesage, à P. 0,50 le millier de café, sur les 75 liv. soit 0,03 ¾.

Total   P. 5,03 ¾.

Nous rappelons que cet impôt n'était payé que par un très petit nombre de propriétaires. Les véritables ouvriers de notre production agricole n'avaient pas reçu déjà en ces temps-là l'investiture du citoyen, nous voulons dire la propriété, comme ils en ont joui sous Pétion, dès l'ère de la première république. Leurs intérêts n'étaient pas directement en cause dans la question de l'impôt. Leurs droits, aliénés par la législation rurale, mais qu'ils eussent pu dès lors revendiquer, résidaient dans la fixation arbitraire du taux de leurs salaires. En venant se réengager dans les ateliers agricoles, au double titre cette fois de citoyens libres et indépendants, ils avaient certes acquis le droit de débattre le prix de leurs travaux. À cette liberté individuelle l'administration supérieure substitua sa tutelle. Là fut, au commencement même de notre société, le nœud économique qui riva nos montagnards au joug de la pauvreté.

Les blancs, étaient chassés du sol d'Haïti, restaient pour exploiter nos caféteries quelques indigènes, leurs anciens rivaux, et des fermiers de notre État naissant qui tous se partageaient l'autorité militaire. On conçoit qu'enfin de compte les P. 5,03 ¾ d'impôt qui pesaient sur les cafés étaient versées dans les caisses publiques à peu près au gré des imposables, comme pouvait le permettre le désordre qui a existé dans les premiers jours de notre création sociale.[9]

---

[9]   Quartier général du Cap, le 4 mai 1800, an 1er.
Les ministres des Finances… Considérant qu'il est de toute nécessité de

Après Dessalines, parut Alexandre Pétion, chef républicain. Sous lui, rien n'est changé quant au fond même du principe de l'impôt. Le fisc continua à s'adresser à la fois au capital et au revenu des citoyens. Mais pas plus que Toussaint-Louverture et l'Empereur Jacques 1er d'Haïti, la propriété, sous le chef nouveau de la République, ne se définit, comme chez les Romains : le droit d'user et d'abuser de sa chose. Il fallut qu'elle rapporte. Aux temps antérieurs, pour forcer la propriété à se mettre en rapport, les chefs de notre nation recoururent aux peines physiques dont le bâton resta par la force des temps, le pur *intrumentum regni* du pays, ou le symbole de notre pouvoir exécutif. Avec l'ère de la petite propriété commença l'essai des peines morales appliquées au travail. Un propriétaire qui laisserait son bien aller à l'abandon, ne le ferait pas fructifier de manière à le dégrever de ses redevances à l'état, se serait exposé à le perdre dans les formes ordinaires qui contraignent tout débiteur envers son créancier. La loi de Pétion est encore loin de ce sens juridique.

---

prendre les moyens les plus efficaces pour arrêter le commerce illicite des cafés, que font les propriétaires avides de gain, etc.

Aux Cayes, le 2 septembre 1806, an III

Jacques, etc… Voulant fixer les rétributions que des fonctionnaires avides et infidèles portaient à un taux exagéré ;

Ouï, le rapport de ses ministres de finances et de la marine remis ; …

Les droits d'entrée, de même que ceux de sortie, se percevront sur le pied de 10 %.

Les fonds provenant de ces droits, seront spécialement affectés au paiement des appointements des différents administrateurs, et déposés dans une caisse particulière, tenue par le directeur de la douane, qui tiendra la dite caisse aux ordres de l'Empereur, nonobstant ceux des ministres.

Port-au-Prince, 23 avril 1807.

Dessalines, qu'un malheureux hasard plaça à la tête du pays, y porta tout le dérèglement de son caractère… Le négociant patenté était-il lui-même plus heureux ? Non, sans doute… Devenu tributaire des agents du tyran, il était chaque jour menacé de ces tireurs de lettres de change, avec lesquels il n'avaient aucune liaison d'affaire : la pompe aspirante était placée à Marchand, et desséchait, à 50 lieues à la ronde, les caisses les mieux pourvues. (Rapport du Sénateur Daumec au Sénat).

Par une obliquité de l'autorité paternelle qui caractérise tous les chefs de nos premiers gouvernements, le nouveau propriétaire a été immédiatement placé dans la menace de se faire chasser de son bien, si seulement, au bout de 366 jours, il ne l'a pas couvert en cultures au goût du fisc, c'est-à-dire avant même qu'il ne soit redevable d'aucune taxe à l'État. Je suis loin, pour ma part, de trouver à redire de semblables mesures, dont la valeur toute entière est dans les difficultés qui sont d'ordinaire inhérentes à l'organisation primitive de la chose sociale. Mais je dois rechercher et dire la cause de ce qui fait aujourd'hui notre erreur et fonde l'empire de notre routine. S'il est bien vrai que l'acte capital de l'administration de Pétion est dans le fait qu'il concéda gratuitement les terres aux soldats qui venaient de les conquérir, il faut aussi savoir que ce que les propriétaires d'alors pouvaient supporter de violation au principe de la propriété n'est plus tolérable, à présent que les descendants de ces soldats sont séparés par trois ou quatre génération du souvenir des conditions qui pourraient s'imposer à la libre jouissance de leurs biens. Les fils ont bien certainement le droit irrévocable d'observer que la gratuité de leurs propriétés a été rachetée par les souffrances indescriptibles de leurs pères, par cette vie de martyrs du travail à laquelle ils n'avaient pu se soustraire.

Ils ont bien le droit de se refuser actuellement à perpétuer le souvenir de leur reconnaissance envers un bienfaiteur jusque dans sa onzième représentation.

Sous Pétion, les citoyens attachés au travail de la terre étaient en grand nombre baptisés propriétaires ; à la vérité, ils restaient les vassaux ou tenanciers de l'État. Les grands propriétaires perdirent une partie de leurs privilèges, dès que les ateliers agricoles purent se vider en faveur de la petite propriété ; leurs revenus diminuèrent, et d'autant plus que le code rural fixa le salaire des travailleurs restant sur chaque habitation au ¼ du revenu de cette habitation, à prélever avant le paiement de l'impôt ; ce salaire était payable non plus en nature, mais en argent au taux du commerce. Il fallut même en finir peu de temps après avec l'exploitation de la grande propriété coloniale, en admettant les travailleurs au partage de la ½ du net bénéfice des habitations. L'impôt, de ce moment, se reprit sur le brut du revenu de chaque propriétaire, c'est-à-dire avant le paiement des ouvriers.

Le sort des classes laborieuses de nos campagnes put donc s'améliorer sous le premier fondateur de la République, sans que, en ce qui regarde le café, l'imposition changeait de caractère. Elle continua à s'asseoir sur la récolte, avec la double dénomination d'impôt territorial et de droit à la sortie. Cette pensée première de l'impôt se perpétua jusqu'en 1870, époque où la taxation des cafés parut sous une énonciation unique : droit d'exportation — ce qui signifiait bien que la pensée du législateur de 1804 s'était perdue dans la nuit des temps.

On pressent déjà les anomalies et toutes les brutales incohérences de ce système fiscal, qu'il nous faut aujourd'hui abandonner. Est-ce, en effet, quand la vieille base agricole s'est effondrée, quand il n'y a plus ni lois assez fortes, ni gendarmes assez malavisés, pour entreprendre de faire surgir la culture partout où il n'y a que ronces et forêts ; quand chacun peut faire pousser dans ses jardins les plantes qu'il choisit ; quand des industries, s'élançant dans la voie de leurs profits, ont dérouté les calculs du fisc ; est-ce particulièrement quand le sucre, ce produit autrefois si saisissable, nous a fait ses adieux, exhalant son dernier cri sous l'étouffement des vieux appareils du temps de Louis XIV ; quand le coton, cette autre matière jadis chère à notre fisc, défie aujourd'hui toute taxation au moins arbitraire ; quand tous les citoyens sont devenus, en fait et en droit, égaux, ayant leurs propriétés sacrées au même titre ; quand la masse de nos produits, quoique diversifiés, ne constitue pas moins le faisceau de la richesse de tous ; est-ce enfin quand 180 à 200 millions de revenus qui s'énoncent en piastres sont là, exposés au regard du fisc ; est-ce, disons-nous, à de tels moments, devant tous ces faits, qu'on pourrait encore se prévaloir du droit vermoulu de nos temps barbares pour laisser s'abattre la hache de l'impôt sur la seule propriété caféière, devenue l'étroit refuge de 200 mille existences citoyennes, ayant droit au soleil d'Haïti ?

L'impôt des cafés si dur qu'il pouvait se montrer autrefois, affectait, à tous les points de vue, un sens moins inique et moins immoral qu'aujourd'hui. En ces temps passés, le fisc cherchait à atteindre également d'autres produits agricoles ; il n'y avait pas cet acharnement à ne poursuivre qu'une seule denrée. Le sucre, par exemple, figurait dans la recette publique dans une proportion appréciable. C'est à peine si de nos jours, à la faveur de sa transformation fort regrettable, ayant échappé aux mains de l'État, il peut, sous son nouveau nom de tafia, servir de douce prévision et de leurre à nos budgets communaux. Au contraire, apportés dans nos douanes, les cafés doivent répondre pour tous les produits qui passent par d'autres voies de la circulation ; ils subissent les effets de tout déficit dans les chiffres prévus pour les services de l'administration ; et lors même qu'ils s'affaiblissent dans leur quantité par des causes climatologiques, dans leur valeur par la baisse des prix qu'on en offre sur les marchés étrangers, il faut qu'ils supportent encore les coups d'une détente compensatrice qui sauve la réputation compromise de nos ministres des finances.

Que l'impôt dont nous retraçons les phases, sans être rentré dans sa formule sociale, fut moins horrible sous la première république qu'aux temps où nous sommes, on peut en juger par cet acte.

9 mai 1807, an IV

Le Sénat,

Après avoir ouï le rapport de son comité des finances, considérant qu'il est nécessaire et urgent de rétablir l'équilibre entre les recettes et les dépenses publiques ; que les contributions sont insuffisantes, qu'on ne peut cependant en élever le taux sans surcharger les citoyens qui y sont soumis, et qu'il est juste que toutes les classes de la société contribuent aux besoins de la République :

Considérant que la subvention du quart a trop longtemps pesé sur une classe précieuse de nos concitoyens et qu'il est conforme à la justice et à la saine politique que l'impôt soit réparti suivant les moyens et les facultés de chaque individu.

Déclare qu'il y a urgence et décrète ce qui suit :

Art. 1. À compter du 1er avril prochain, la subvention du quart, établie conformément aux lois anciennes, est abolie ;

Art. 2. Elle est remplacée par un impôt territorial de 10 gourdes P. 10 par millier de café.

Art. 3. Le sucre, sirop ou mélasse, le tafia ou rhum, sont déclarés francs de droit d'exportation.

Ces denrées sont soumises aux droits de passage et jaugeage.

Art. 4. Il sera établi sur le sucre, sirop ou mélasse, comme impôt territorial, 4 gourdes P. 4 par millier.

Art. 5. L'impôt territorial sur le sucre et le café sera perçu sur le chargement au fur et à mesure que le chargement s'effectuera.

… Les acheteurs sont autorisés à faire la retenue de l'impôt sur les vendeurs.

Art. 6. Les guildiviers sont tenus de payer l'impôt territorial sur le sirop qu'ils consument et sont de même autorisés à faire la retenue sur les vendeurs *eta*.[10]

Ces impôts territoriaux seront payés par les propriétaires et fermiers seuls, même pour le quart de subvention revenant aux cultivateurs.

Art. Les droits d'exportation sur le café sont fixés à 2 gourdes par quintal (P. 2 par 100 livres 3)

Accusant ses efforts de plus en plus louables, le fisc frappa également le cacao, le coton, les bois de teinture, qui acquittèrent tous le double droit, le territorial et celui à l'exportation. À propos de ces derniers, voici un considérant assez curieux : «considérant que beaucoup de cultivateurs, attachés aux habitations, abandonnent la culture des terres pour faire la coupe des bois jaunes, de teinture de gayac et de campèche, ce qui devient nuisible, etc.». On était loin de ce raisonnement confirmé de nos jours :

Qu'importe qu'on détourne de la culture quelques bras, si ces bras utilisés à une industrie quelconque, doivent tout de même procurer au citoyen actif son bien-être, et au fisc des revenus réels. Le citoyen n'est heureux que quand la branche d'industrie qu'il a adoptée lui produit. Or, il est bien le maître de se choisir l'industrie qu'il pense pouvoir lui rapporter le plus. Pourquoi voudrait-on qu'il fit plutôt du café que du campèche ? L'exploitation de cette dernière denrée tombera naturellement, lorsque l'exploitateur n'y trouvera plus son compte, et, ce jour-là, il s'occupera encore de la branche d'industrie qui promettra le plus à ses besoins et à ceux de sa famille. (Rapport de Charles Hérard au Gouvernement provisoire, 17 mai 1843)

---

[10] Par la loi du 21 mars 1807 fut fixé l'impôt de P. 1 sur chaque barrique de tafia. Les guildiviers l'ayant éludée, ils furent soumis par la loi du 3 mars 1809 à la patente de P. 15 par point de chaudière à distillation.

Observons encore que l'État et la commune, dans nos temps anciens, vivaient confondus, et que jusqu'en 1843 il n'existait qu'une caisse générale de la République. Avec un tel système au milieu de notre chaos social à peine débrouillé, il n'était guère possible qu'on déterminât avec justice la part de charge qui incombait, dans la dépense publique, à un citoyen dont l'existence gravitait dans notre district rural. Au fait d'imposer davantage les campagnards avait correspondu l'idée de leur faire payer des taxes communales pareillement aux citadins. Aujourd'hui que la commune et l'État sont séparés, que les dépenses locales sont exclusives des besoins généraux du pays, que ces dépenses sont à la charge de ceux qui sont placés pour en retirer les bienfaits, il n'y a plus que l'idée de tenir les gens de la campagne en dehors de la loi sociale qui pourrait motiver la lourdeur des impôts que supportent en particulier nos producteurs de cafés.

C'est pour équilibrer l'imposition assise sur les revenus de la terre qu'on revint de bonne heure à la pratique de Toussaint-Louverture, et qu'on fit payer la patente aux industries des citoyens habitant des villes, lesquels furent divisés en 40 groupes de professionnels. Peu après fut établie la taxe locative. On retrouve dans notre législation les deux actes auxquels nous empruntons ces passages :

7 mars 1807, an VI

Le Sénat,… considérant que chaque citoyen doit s'empresser de venir au secours de la République, en raison de ses facultés ; qu'il n'est pas juste que l'agriculteur supporte seul les charges de l'État, et qu'il convient que les négociants et artisans y contribuent en raison de la protection qu'il leur accorde et de l'avantage qu'ils en retirent, et que les besoins du trésor public exigent de promptes rentrées.

Déclare qu'il y a urgence et décrète, etc.

Tarif des patentes — 1er no. Négociants, P. 200-25e no. Maçon P. 25-40 et dernier, no. Marchand de légumes P. 4.

4 janvier 1809.

Le Président d'Haïti, considérant que les maisons des propriétaires dans les villes ont été seules exceptées jusqu'à présent d'impositions publiques, et qu'il est juste que tous les citoyens concourent également aux charges de l'État, et plus particulièrement à celles qui doivent leur procurer une protection plus directe; etc.

Art. 1. Les juges de paix des communes de la République, assistés du conseil des notables, sont autorisés à établir un droit d'octroi du 20e de la valeur locative sur les maisons de propriétaires résidant dans les villes.

Nous avons sur le premier de ces actes un commentaire officiel fort éloquent :

«L'imposition du quart qui ne pesait depuis 15 ans que sur les malheureux habitants, et à laquelle se soustrayaient tous les hommes puissants; cette imposition impolitique qui corrompait la morale publique, en mettant sans cesse devant les yeux des citoyens l'exemple et la provocation du vol, n'a-t-elle pas été supprimée ?

L'imposition sur l'industrie ne force-t-elle pas les citoyens des villes à venir au secours de l'État ? Favorisés par le commerce, ils ne s'occupaient qu'à grossir leur fortune tandis que les malheureux propriétaires des campagnes contribuèrent seuls à maintenir un gouvernement dont les citadins ne partageaient point le fardeau.» (Adresse du Sénat au peuple ce 1er juillet 1807).

Reste à savoir, en dehors de l'intention du législateur, comment, en fait, a pu se répartir la justice fiscale. Aux droits établis, les cafés exportés en 1802 rapportaient à l'État P. 173 899 dans les deux seuls départements de l'ouest et du sud, restés soumis à la République. Or, le total des autres impôts recueillis dans la même circonscription républicaine ne monta pas plus de P. 722 260. Il est donc évident que la propriété caféière, à elle seule, avait fait la moitié, on peut dire, de la dépense publique. C'est ainsi que la pratique devenait subversive de la justice sénatoriale. On aboutirait à la même conclusion, si, la récole des cafés supposée constante, on voulait considérer la recette publique dans les années 1816, 1817, par exemple[11]. De ces 722 260 piastres, il conviendrait encore avec raison de défalquer le produit, si faible qu'on veuille l'admettre, de l'affermage des dernières caféteries restées aux mains de l'État. Après quoi, on jugerait plus justement si un petit nombre de producteurs nationaux n'est pas pris, comme nous l'avons dit, pour la matière taillable de la république, depuis un temps déjà fort reculé. Nul doute que ces fermiers es-grades que l'État avait conservés sur les terres, le voyant contraint de laisser arriver leurs cafés dans l'inexorable balance de la douane, se sont dédommagés en ne payant pas à la caisse publique le prix de leurs fermes. Les temps d'alors, autant que le caractère propre de Pétion, souffraient de pareilles dérogations à la loi commune. Mais la chose pouvait-elle se passer de la sorte pour ces nouveaux petits propriétaires, pauvres moucherons sous les pattes du fisc ? Là-dessus chacun peut penser à sa guise.[12]

---

[11] Sauf pour l'année 1809, on ne retrouve nulle part les quantités de cafés exportés sous l'administration de Pétion. C'est vers la fin de cette année 1809 que les terres furent distribuées aux officiers, sous-officiers, soldats et gérants de nos ateliers agricoles. Si nous raisonnons du chiffre de nos cafés produit à cette époque pour conclure à ce qu'était l'impôt sous le fondateur de la République, c'est que la direction de nos caféteries avait pu bien changer, sans que nos récoltes s'en ressentissent subitement et surtout favorablement.

[12] Pétion prit l'engagement de participer régulièrement au travail, de discuter toutes les mesures et, une fois arrêtées, de ne les jamais entraver. À ces conditions, Bonnet accepta la charge de secrétaire d'État… Le Secrétaire d'État résolut une tournée aux chefs-lieux d'arrondissement, espérant imprimer, par sa présence, une impulsion qui assurerait la perception des revenus et particulièrement

Voici exactement le rendement des contributions durant l'année 1809.

---

le recouvrement des fermages des biens domaniaux. Convaincu que Gérin n'hésiterait pas à lui prêter son appui, il se rendit à l'Anse-à-Veau. Ce général, effectivement, le reçut au milieu du dîner où se trouvaient de nombreux convives. On parla de la nécessité de payer les redevances au gouvernement. Gérin, prêchant d'exemple, fit apporter, à la fin du repas, le montant de ses fermes, en espèces, et les remit, en présence de la campagnie, au Secrétaire d'État. Bonnet, fort de cet acte, qu'il fit sonner bien haut, contraignit chacun à exécuter… Mais… dans un pays où la corruption a gagné toutes les branches de l'administration, où chacun veut vivre du trésor public et s'attribuer sans pudeur les revenus de l'État, les abus et les prévarications finissent par être considérés comme un droit ; tout réforme qui met un terme aux bénéfices illicites de ceux qui profitent du désordre, excitent leurs clameurs… Les alentours de Pétion, spéculant sur le caractère du chef de l'État, voulurent introduire le gaspillage dans les domaines, la désorganisation dans les finances… Ce qui est pis encore, on a vu des hommes, occupant une position élevée, accaparer des biens qui ne faisaient pas partie du domaine de l'État, sans que le président, malgré les réclamations les plus vives et les mieux fondées, aie jamais eu la force de les faire ressentir à leurs légitimes propriétaires. (Souvenirs historiques de Bonnet).

Le Secrétaire d'État (Bonnet) publia divers avis au public et prescrivit aux fonctionnaires de contraindre les débiteurs de l'État à payer ce qu'ils lui devaient principalement les fermiers des biens du domaine. Cette mesure, exécutée avec fermeté, lui attira le mécontentement et même l'inimitié de bien des gens haut placés, qui excitèrent la foule des fermiers contre lui ; il dût même résilier des baux-à-ferme, faute de paiement, et l'irritation des fermiers récalcitrants n'en augmenta que plus. Des égoïstes d'une autre espèce vinrent joindre leurs plaintes à celles-là : ils obtenaient facilement de fausses attestations des particuliers, dans les enquêtes supplétives des titres de propriété pour en réclamer la remise du domaine : le secrétaire d'État provoqua un arrêté du président… par lequel toute réclamation de cette nature était renvoyée à la paix intérieure… Tout à coup, le 1er mai 1810 parut arrêté qui… supprima la charge de Secrétaire d'État (B. Ardouin, Histoire d'Haïti).

Faisons un rapprochement qui paraîtra hasardé, eu égard à ce que l'histoire a dit aussi du vigoureux Secrétaire d'État :

« Turgot avait obtenu de Louis XVI la promesse, qu'aucune ordonnance de comptant ne serait délivrée pendant un certain temps. Peu de jours après, un bon de 500 000 livres, au nom d'une personne de la cour, est présentée au trésor. Turgot va prendre les ordres du roi et lui rappelle la parole qu'il en avait reçue. « On m'a surpris, dit le roi ; — Sire, que dois-je faire ? – « Ne payez pas. » Le ministre obéit : Sa démission suivit de trois jours le refus de paiement. »

RECETTES GÉNÉRALES EN 1809.

(Non compris le nord de la République)

Existant en caisses du 1er janvier…　　　　　P. 48 270,89

DOUANES

Importation	P. 277 177,91	
Exportation	P. 463 975,08	
Impôt territorial	P. 234 703,47	
Consignations	P. 30 858,69	
Pesage	P. 21 337,44	
Jaugeage	P. 2 518,60	
Cubage	P. 2 730,68	
Tonnage	P. 9 287,35	1 042 589,22

DOMAINES

Vente de denrées du pays	92 983,16	
Loyer des maisons	42 958,75	
Fermage de guildives sucreries, hattes, etc	43 352,57	
Warfage	24 182,33	203 476,81

DIVERS

Patentes	28 648,25	
Timbre et enregistrement	2 602,31	
Confiscations	1 176,35	
Retenue des 4 et 6 derniers pour livre sur les marchés	12 554,79	107 432,15
	Total	P. 1 401 769,07
Reste à percevoir des recettes ordonnancées		34 390,79
	Total général	P. 1 436 159,86

Voici maintenant ce que chaque produit du sol a payé d'impôt.

Droits établis		Denrées exportées	Impôts reçus
Tari.	Export		
P.	P.	livres	P.
1,00 +	3,00 = 4,00 % sur Coton,	182 917	7 316
0,50 +	1,50 = 2,00 % sur Cacao	301 421	6 028
0,30 +	0,30 = 0,60% sur Campêche	4 224 193	25 345
0,30 +	0,20 = 0,50 % sur Gayac	2 522 538	12 612
1,00 +	2,00 = 3,00 % sur Café	0	0
0,00 +	0,05 = 0,05 le pied de Acajou	41 978 pieds réduits	2 098

Si aux droits de P. 664 091 acquittés en principal par les cafés nous ajoutons ceux de warfage et de pesage et autres centimes additionnels que nous retrouverons plus bas, nous reformerons le chiffre de P. 713 899 qui nous redit ce lap qui s'est écoulé, depuis que nous donnons dans l'ironie de faire porter notre diadème budgétaire par l'homme qui n'a que sa houe comme moyen de vivre.

En somme, ni la patente, ni la taxe locative, ni l'impôt assis sur la diversité des produits de notre sol, n'avaient pu satisfaire aux exigences élémentaires de la répartition des charges publiques, et tout le mérite de nos premiers législateurs républicains doit rester dans le fait qu'ils se sont opposés à l'aggravation du mal.

L'idée qu'ils eurent de substituer au droit *ad valorem* l'impôt prélevé sur la *quantum* de la production, fut souvent funeste en pratique, si d'intention elle fut constamment bonne. Préférable en tant qu'il peut s'appliquer aux articles dont les prix sont à peu près fixes, pour ainsi dire constitués, ce système est malheureux, quand il régit un produit de la nature des cafés dont le cours est à chaque instant troublé par la fréquence des oscillations de ses prix. C'est ainsi que les contribuables eurent moins à souffrir, sous Dessalines, du poids de l'impôt, malgré son taux exorbitant, qu'à d'autres époques, où l'abaissement de ce taux coïncida avec la plus grande baisse de la valeur de notre denrée.

On peut résumer comme suit toute la législation fiscale des cafés sous Pétion, de 1807 à 1818 :

1° Loi du 9 mai 1807, portant P. 1 par % livres pour le droit territorial, plus P. 2 % livres de droit d'exportation.

2° Arrêté du 16 novembre 1809, portant augmentation d'un escalin par % livres à titre de droit communal et pour l'entretien de la gendarmerie. [13]

-----

[13] Les *Études sur l'Histoire d'Haïti,* dont les tous jugements ne se ressentent pas également des principes sévères et invariables d'où ils découlent nous disent : «le 11 février 1801, T. Louverture fit un arrêté qui créait une campagnie de gendarmerie dans chaque commune... Le 6 mai suivant, rendu au Cap, il rendit un autre arrêté pour régler cet entretien de la gendarmerie par les communes, *taxant* les propriétaires, fermiers et *cultivateurs*, proportionnellement aux produits retirés de la terre. Ainsi les cultivateurs étaient tenus de contribuer à l'entretien des hommes chargés de les contraindre au travail, en les assommant de coups. La gendarmerie, appliquée au service des campagnes, recevait la ration journalière en vivres du pays, celles des villes et des bourgs en argent.» Si on maintient le bâton renfermé dans le juste cadre moral de l'historien, il apparaîtra bien plus équitable de demander ainsi à la masse des habitants de dehors les frais d'entretien de la police des campagnes que d'en charger, comme on le faisait en 1809, le petit nombre de producteurs de cafés exclusivement. Si dures que soient les souffrances corporelles de l'homme, elles n'ont pas l'empire de représenter sur les sentiments de la froide postérité autant que les faux principes dont les douloureux contre-coups lui parviennent seuls. Dans une société, les étapes de la tyrannie ne font que marquer les divers âges du courage civique. Il y a toujours moins à déplorer l'apparition d'un tyran, qu'à gémir sous la condition morale des êtres qui s'en accommodent. Il suffit du sentiment inné de la liberté chez tout homme pour qu'il ait raison du bâton dont il est frappé. Les chefs contemporains restent au contraire comptables envers les générations futures des erreurs qu'ils ont patronnées et qui ne peuvent se dissiper qu'à la

3° Arrêté du 6 septembre 1810 qui dispose : — « Considérant que l'établissement et le maintien d'une force publique font la sécurité du peuple, mais en même temps exigent des subsides ; … que, dans les États libres, les contributions sont supportées avec confiance, etc. » et finit par augmenter le droit territorial de 50 centimes % livres.

4° Arrêté du 8 octobre 1811 qui abaisse à P. 1 le droit territorial, eu égard à la valeur marchande des cafés.

5° Loi du 5 octobre 1815, qui remet le même droit de P. 1.50 pour l'impôt territorial. Cette loi parut au Corps Législatif préférable à la proposition du Président d'Haïti, qui demandait le vote d'un emprunt du vingtième en nature du revenu rural des habitations sucrières et caféières avec promesse de remboursement dans le délai d'un an.

6° Loi du 27 juillet 1817, qui dit : « La Chambre,… désirant établir les contributions publiques dans une juste proportion, afin que les opérations puissent s'exécuter sans entraves, etc. » Cette loi arrive à faire entrer l'escalin communal dans la taxe territoriale, puis surélève le tout à P. 1, 60.

Les impôts de pesage et de warfage qui n'ont cessé de grever les cafés restèrent toujours fixés à 50 centimes, le millier.[14]

Dans l'origine de notre société, l'impôt ne s'attaqua qu'à la propriété rurale, toutes les autres propriétés furent protégées par ses immunités on peut dire absolues.

Avec l'administration du Général Boyer on entre dans l'époque du complet épanouissement de la petite propriété. De ce moment, tout va se comprendre, se définir, s'arranger de manière à déterminer le cadre et les principes de nos idées

---

longue et à la faveur de la diffusion des lumières.

[14] Il existe sous la date du 27 novembre 1807, un Arrêté, signé « César Télémaque, Secrétaire d'État, qui fixe le droit du warfage à 41 2s 6d le % de café. Cette disposition ne semble pas avoir eu une longue application.

arrêtées, en matière de finances fiscales. Les lois économiques du travail, en se dégageant de l'évolution des temps, avaient fini par arracher de force les martyrs des ateliers agricoles à la glèbe des propriétaires et des fermiers. En vain le code rural de 1826, en renouvelant certaines dispositions des lois antérieures, chercha-t-il à proscrire les actions de la volonté libre du travailleur.[15] Il fallut constater de pareilles dispositions de

---

[15] Art. 1 Toutes les personnes qui ne pourront faire preuve de leurs moyens d'existence et qui se trouveront dans les villes ou bourgs, sans exercer une profession ou industrie, seront tenues de se retirer dans les campagnes où les ressources de l'agriculture leur présentent une subsistance assurée.

Art. 2. La plus grande surveillance devra être constamment exercée, pour qu'aucune personne en état de santé puisse se soustraire aux travaux agricoles de l'habitation sur laquelle elle réside.

Art. 3. Les rigueurs ordonnées par la loi sur la police générale seront strictement appliquées contre les vagabonds pris en contravention aux dispositions du présent Arrêté.

Art. 4. Les autorités civiles et militaires sont chargées, chacune en ce qui la concerne, de la ponctuelle exécution du dit Arrêté, etc.

Code rural de 1826.

Art. 3. Tous les citoyens étant obligés de concourir à soutenir l'État, soit par leurs services, soit par leurs industries… ceux qui ne pourront pas justifier leurs moyens d'existence devront cultiver la terre.

Art. 4. Les citoyens de profession agricole ne pourront quitter les campagnes pour habiter les villes ou bourgs, sans une autorisation du juge de paix de la commune où ils devront se fixer; le juge de paix ne donnera l'autorisation qu'après s'être assuré que le réclamant est de bonne mœurs, qu'il a tenu une conduite régulière dans le canton, qu'il se dispose à quitter, et qu'il a des moyens d'existence dans la ville qu'il veut habiter. Tous ceux qui ne se conformeront pas aux règles ci-dessus établies, seront considérés comme vagabonds et traités comme tels :

Art. 5. Les enfants des deux sexes que leurs parents, attachés à la culture, désireront envoyer dans les villes ou bourgs pour leur apprentissage ou pour leur éducation, ne pourront être reçus, soit par les entrepreneurs, soit par les instituteurs publics ou particuliers, qu'avec un certificat du juge de paix, etc (25 piastres d'amende pour la contravention).

Art. 17. Toute concession de terre accordée jusqu'à la promulgation du pré-

désuétude native. Mais chose digne de remarque, le nouveau code rural fut attaqué précisément dans sa partie rénovatrice, dans celle qui transportait hardiment les laboureurs jusqu'au seuil de la constitution civile. Bien que la loi prit soin de fixer, comme aux temps antérieurs, le prix du travail exécuté dans les champs, elle arma sagement cette fois, par le contrat synallagmatique, le travailleur contre la confiscation arbitraire de son salaire ou contre la pure perte de sa sueur, lorsque cette sueur était imputable à la gérance. Le résultat qu'on ne saurait trop déplorer et qui nait à la fois de la chute de cette disposition de la loi et de nos hésitations depuis lors à sanctionner le fait accompli de la rentrée des droits du citoyen de la campagne dans les remparts du code civil, c'est qu'aujourd'hui encore nos travailleurs et nos propriétaires ruraux n'ont en fait aucune juridiction de laquelle ils relèvent. Les uns et les autres, sans droit pour se contraindre alternativement, manquent à leurs engagements, compromettent leurs profits communs presque capricieusement, et finalement nuisent aux progrès de notre agriculture. D'une part, les travailleurs font les choses de

---

sent code, et qui, un an après, n'aura pas eu un commencement d'établissement ; et toute concession postérieure au présent code qui n'aura pas, un an après la date du titre de cette concession, un commencement d'établissement, seront réunies aux domaines de l'État…

Art. 19. Un établissement sera réputé commencé, lorsqu'il y aura un jardin de travaillé dans les règles établies par la loi, et dont la contenance sera proportionnelle au nombre des cultivateurs attachés à la propriété.

Art. 39. Aucune réunion ou association de cultivateurs fixés sur une même habitation ne pourra se rendre fermière de la totalité du bien qu'ils habitent, pour l'administrer par eux-mêmes en société.

Art 123. Le commandant d'arrondissement militaire… réunit toute l'autorité nécessaire pour la mise en activité de la culture : il est responsable de l'état de dépérissement des cultures dans l'étendue de son commandement, etc.

Art. 143. L'officier de la police rurale est spécialement chargé de faire prospérer la culture dans la section qui lui est confié… Il est responsable… de toutes négligences dans la surveillance et le travail manuel des habitations de la section.

l'association, quand ils ne s'y soustraient pas complètement, avec une nonchalance, que nous sommes loin de constater dans les travaux auxquels ils se livrent pour leur compte exclusif; de l'autre, les propriétaires qui se sont obligés, par exemple, à fournir les résines de la préparation de la matière brute, sont cause que souvent les produits de toute une année de travail sont, en partie, ou totalement perdus, faute de pouvoir être ouvrés à temps. De la sorte, les obligations réciproques privées à la fois de la force coercitive de nos vieilles lois de police, et de la sanction des contrats libres, ont fait naître l'usage anti-économique, immoral, que les parties se tiennent à présent pour quittes de leurs fautes, l'une se réservant de se revancher sur l'autre du préjudice qu'elle subit. Le couronnement de ce système est dans la misère perpétuelle du travailleur et dans la déconfiture de plus en plus accentuée du propriétaire.

Ce code de 1826, accusé dans le langage métaphorique du tribun Hérard Dumesle d'avoir par sa chute écrasé notre agriculture, n'eut cependant que le tort d'avoir constaté, dans sa solennelle impuissance, l'émancipation des gens que nous prétendions rendre indéfiniment les serfs du travail. Et loin que nos travailleurs eussent à répondre devant la patrie de notre décadence agricole, c'était plutôt aux propriétaires à s'accuser eux-mêmes d'une nouvelle intercession auprès des gendarmes dans l'espoir de faire refleurir nos campagnes. Améliorer nos genres de cultures, modifier et transformer les appareils, les procédés employés dans nos usines, briser ces reliques de notre antiquité esclavagiste, multiplier les bras par l'appui des machines, réclamer à cette fin, s'il le fallait, le secours toujours puissant de l'État, telle était, telle est toujours la seule voie, de laquelle pouvait se dégager la solution du problème qui nous intéresse tant. Fuyant au contraire cette voie, on s'abandonna à des lamentations aussi impuissantes que l'était le code décrié, et personne ne put comprendre comment l'astre de notre agriculture était venu si vite se coucher derrière l'aurore de notre indépendance nationale.

Mieux avisé, le fisc, de cet instant, prit le parti de poursuivre les manifestations de la richesse dans les nouveaux sillons ouverts par l'intérêt personnel qui l'isola de plus en plus. L'impôt territorial quoique conservé dans son expression première, ne s'entendit guère que dans le sens d'une contribution foncière. Chacun recouvrit la liberté de semer dans ses champs les plantes qui lui convenaient. Par contre, le fisc voulut atteindre le revenu des citoyens en général, en poursuivant indistinctement tous les produits de la terre, à leur entrée dans la circulation. Il eut dans cet ordre d'idées une tendance assez prononcée pour entrer dans la justice économique. Les lignes suivantes ont conservé l'empreinte de ce mouvement égalitaire :

Loi du 12 mai 1826

Considérant que jusqu'ici l'imposition établie sous les propriétés foncières a pesé intégralement sur les contribuables et que certaines propriétés seulement ont été soumises à cet impôt, tandis que d'autres, par défaut d'exportation, n'ont pu en être atteintes ;

Considérant que le devoir du législateur est de répartir les charges publiques dans une égale proportion, entre ceux qui doivent les supporter, relativement aux avantages qu'ils retirent du sol ou de la propriété sujette à l'impôt.

Art. 1ᵉʳ. Il sera établi une imposition de 5 p. 100 sur la valeur locative des maisons situées dans les villes ou bourgs.

Art 2. Les maisons ou cases qui sont situées dans les campagnes, et qui ne dépendent pas des établissements ruraux, payeront également l'imposition taxée.

Art. 4. … Lorsque le propriétaire habitera la maison ou la case, il ne pourra être imposé que de la moitié de l'estimation de la valeur locative, il en sera de même lorsque la maison ou la case ne sera pas habitée.

Art. 13. Tous les établissements agricoles, dont les principales productions ne fourniront pas au commerce d'outre-mer, seront assujettis à l'imposition foncière de 8 p. 100 de leur revenu ou produit annuel[16].

Art. 14. Seront également assujettis à l'imposition foncière de 8 p. 100 sur la valeur estimative des produits annuels, les coupes de bois de chauffage, les fabriques de charbon, les fours à chaux, les fabriques de poterie, les briqueteries, les salines, les herbes établies en coupes régulières pour les animaux dans les villes et les bourgs.

Art. 15. Les établissements ruraux, qui fabriquent du sucre et des sirops pour la consommation intérieure ou extérieure, seront classés au rang de ceux sur lesquels l'imposition foncière sera établie et prélevée. Les sucres payeront 8 gourdes par millier pesant, et les sirops 4 gourdes par millier pesant.

Art. 16. Aux moyens de cette disposition, l'impôt territorial qui a été établi, et qui est payé aux douanes, d'après la loi du 20 avril 1825, sera abrogé à partir du 1er janvier 1827 ; sera également abrogée, au tarif de la loi sur les patentes, à partir du 1er Janvier 1827, l'obligation aux chaufourniers, potiers et briquetiers, aux saliniers de prendre patentes, ces établissements devenant assujettis à l'imposition foncière portée en l'art. 14.

On peut se refuser à admettre que si les choses avaient pu se passer exactement comme les avait prévues la loi, si en effet tous nos produits tirés de la terre, payaient l'impôt, tous depuis le charbon jusqu'aux fleurs[17], l'impôt du café en particulier n'eut

---

[16] Par la loi du 23 décembre 1830, le taux de l'impôt foncier fut abaissé à 5 p. 100.

[17] Art. 32. Les cultures principales consistent dans les établissements de plantes et arbres qui produisent des denrées propres à être exportées à l'étranger et en grains de toutes qualités ; en toutes espèces de vivres ou racines destinées à la subsistance de la population.
Art 33. Tous ceux qui s'occupent de principales cultures ne sont assujettis à

été abaissé jusqu'à tomber, comme dans les temps de paix de la Colonie, à quelques centimes par cent livres.

Un pas mémorable fut même fait dans cette voie de tardive justice. L'impôt qu'acquittaient nos denrées à leur sortie du territoire fut considéré comme faisant un double emploi avec l'impôt territorial ; il fut aboli.

« À partir de la promulgation de la présente loi, les produits de l'industrie du sol d'Haïti ne sont plus assujettis aux droits d'exportation à leur sortie du territoire de la République. » — (Loi du 23 février 1827).

De P. 3,30 qu'il était, le taux de l'impôt sur les cafés tomba à P. 1,30 p. %.

L'imposition dite territoriale, qui subsistait, ne pouvait plus se différencier de l'imposition foncière que par l'assiette de leurs taxes. Tandis que, comme nous l'avons dit, on supputait l'une sur la quantité des cafés récoltés, l'autre avait son estimation établie sur le prix marchand des autres produits. De là, la conséquence qui résulta pour bouleverser la nouvelle notion économique introduite dans l'État. En effet les 49 672 102 livres de café, exportées dans le cours de l'année 1872, rapporteront au fisc, au taux de P. 1,30%, la somme de P. 647 737. Au prix de P. 7 moyennement offert alors pour les 100 livres de cafés, le

---

l'imposition territoriale que sur la masse des denrées qu'ils auront recueillies, et propres à l'exportation.

Art. 34. Les cultures secondaires sont : la culture seulement des potagers, des fleurs, des arbres fruitiers, des vivres et du fourrage, lorsque ces exploitations ont lieu sur des biens dont l'établissement n'a pour but la culture des denrées principales.

Art. 35. Tous ceux qui dans un établissement s'occupent spécialement des cultures secondaires, sont assujettis à l'imposition territoriale et foncière, sur la valeur estimative de leurs productions de chaque semestre.

revenu de quelques citoyens se trouvait encore imposé de 17 %, tandis que la loi se bornait à affecter le revenu des autres de 8 %.

Un éclair de justice était venu néanmoins luire dans la voie jusqu'alors obscure de la répartition des charges publiques, et la conscience de l'État était surprise cédant enfin à l'oppression du sentiment que devait faire naître le poids sous lequel gémissaient, depuis si longtemps, nos malheureux laboureurs.

Cette équité sociale, incomplète, se releva encore heureusement par l'éclat de la tentative financière qui fut faite à cette époque, pour parer aux échéances des douloureux jours où nous allions avoir à payer la double dette étrangère, prix, quoi qu'on voudra dire, de l'indépendance nationale. Ah ! Sans doute, le droit ne nous est pas acquis jusqu'à présent de penser irrévocablement d'un acte qui a suspendu le jugement de l'opinion publique sur les deux confins à la fois de la sagesse et de l'indignation. Ce devoir incombera plus justement à une génération haïtienne, dont les passions seront plus sereines, et qui n'aura pas à porter sa part de la dette qui nous a été léguée ensemble avec le proche souvenir des actes valeureux qui semblaient devoir la prescrire. Si notre traité financier avec la France se relève à nos yeux par la haute sagesse politique qui le dicta, il faut du moins le comprendre comme une conception dont le bénéfice doit se chercher tout entier dans l'idée qu'on peut se faire des vicissitudes auxquelles, sans cela, fut restée soumise notre nationalité. Cet acte pourra être rémissible par le droit de l'intérêt bien entendu, jamais par celui de l'altière liberté. Ce n'est pas à l'État français que nous avions fait la guerre ; notre lutte n'avait rien qui ressembla aux querelles ordinaires de gouvernement à gouvernement. C'est contre chaque français en particulier que nous luttions. Notre lutte sauvage, farouche, procédait d'une genèse sociale sans pareille, que la raison ne pouvait soumettre à une formule présupposable, tracée d'avance dans le code du droit des gens, au profit de l'humanité et de la civilisation. Et certes, c'était trop peu que de toute la propriété privée des colons pour payer la dette dont ils étaient eux-mêmes comptables envers la sueur de leurs esclaves vainqueurs. Celui qui, durant des siècles, a dépouillé des générations, a perdu tout droit positif, moral, philosophique ou religieux pour les contraindre, par la raison seule, à renoncer à une revendication qui est éternelle. Nous avions une affaire de nature à n'être vidée que par les armes ; nous avons livré la première bataille, et nous l'avons gagnée sans équivoque possible. Avec de l'argent nous avons neutralisé les revers toujours admissibles d'un second choc. Tel est pour nous le vrai sens de l'acte qui va peser singulièrement dans la balance de notre économie politique.

Par l'histoire on sait dans quel inextricable embarras nous jeta le paiement de l'indemnité en faveur des colons, dès que fut échu son premier terme. Avant d'être réduite à 60 millions de francs, cette indemnité était lourde de 150 millions. Le premier effet indirect, dont elle nous dota, fut la création du papier-monnaie, fruit amer que nous devions savourer jusqu'en l'an de grâce 1872. Conçu d'abord comme un simple moyen de trésorerie, le système d'émettre des billets, ayant cours forcé, et dont le remboursement ultérieur était garanti, ne répondait nullement à l'idée que nous eûmes plus tard d'imposer leurs charges aux citoyens, de façon à libérer d'autant le pays de sa dette étrangère. Le mode plus loyal, plus rationnel, qui fut essayé à l'origine, a été conservé dans l'acte que nous transcrivons :

Loi du 1ᵉʳ mars 1826

Considérant .... qu'il est de toute justice que l'universalité des citoyens contribue au paiement de la dette nationale, qu'il est urgent qu'une contribution extraordinaire soit frappée et répartie proportionnellement, et suivant la faculté de chacun.

Art. 1ᵉʳ. Il est imposé par la République une contribution extraordinaire de 30 millions de gourdes, payables en 10 années de 3 millions de gourdes.

RÉPARTITION PAR ARRONDISSEMENT

Report	Piastres	Report	Piastres
Port-au-Prince	300 000	Borgne	104 048
Mirebalais	43 533	Limbé	78 239
Tiburon	42 546	Marmelade	160 000
Cayes	244 676	La Grande-Rivière	73 136
Aquin	140 644	Cap-Haïtien	208 451
Nippes	167 496	Fort-Liberté	41 839
Jérémie	161 357	Sto. Domingo	186 499
Léogane	211 463	St.-Jean	31 123
Jacmel	231 133	Azua	35 000
St-Marc	144 347	La Véga	78 000
Gonaïves	99 393	Monte-Christ	6 000
Môle St. Nicolas	13 846	Porte-Plate	44 928
Port-de-Paix	75 250	St. Jago	77 051 S
			P. 3 000 000

Art. 6. Afin de mettre chaque commune à même de payer, dans une proportion relative aux facultés des contribuables, la commission de chaque commune divisera la population en 10 classes de contribuables, qui seront imposés chaque année dans la proportion, autant que possible des moyens de chacun, soit comme propriétaire, soit comme exerçant une profession ou une industrie quelconque, ou soit enfin, comme rentier ou jouissant d'un revenu régulier, etc., etc., etc.

Nous ne prétendons pas taire les difficultés, ni même les illusions que recélait un tel plan. Irréprochable à peu près en principe, l'impôt direct sur le revenu est vexatoire et intolérable, du moment qu'il soumet les fortunes individuelles à une sorte d'inquisition. On peut bien frapper de taxes les produits d'une terre que l'on voit, dont on touche les bornes, et dont la qualité peut être appréciée ; mais comment plonger l'œil du fisc dans la cassette même d'un citoyen ? Comment saisir une chose de sa nature si secrète, et dont les registres d'aucun comptoir ne dotent la nation ? Comment, surtout, avoir raison de nos mœurs particulières qui, dans un sentiment tour à tour de modestie exagérée et de profonde dissimulation, nous porte à raconter, à qui veut nous entendre, que nous vivons au jour le jour ? Toute critiquable qu'elle soit au point de vue de la perception des taxes individuelles, la loi du 1er mai 1826 ne laisse pas néanmoins de faire rappeler utilement qu'il n'y a pas dans la République d'Haïti qu'une seule classe de citoyens destinés, par un sort détestable, à recevoir tous les coups de temps qui peuvent se déchaîner sur nos finances.

La loi suivante vint amender la première ; mais en pratique, elle n'eut pas plus de succès.

Loi du 6 avril 1827

Voulant autant que possible aviser, par un nouveau système de classement, au moyen de déterminer la quotité du contribuable d'une manière proportionnelle aux facultés de chacun.

Art. 1er. Il est imposé, sur toute la République, une contribution extraordinaire de 2 millions de gourdes pour l'année 1827.

Art. 2. Pour établir la répartition... la généralité des contribuables sera divisée en 20 classes, ainsi qu'il suit :

Piastres		Piastres		Piastres	
La 1re Classe payera 500		La 7e classe payera 70		La 14e classe payera 16	
La 2e "	" 300	La 8e "	60	La 15e " "	15
La 3e "	" 200	La 9e "	50	La 16e " "	14
La 4e "	" 100	La 10e "	40	La 17e " "	10
La 5e "	" 90	La 11e "	30	La 18e " "	8
La 6e "	" 80	La 12e "	20	La 19e " "	5
		La 13e "	18	La 20e " "	3

Art. 4. La commission spéciale inscrira chaque citoyen dans la classe jugera convenable, d'après les revenus provenant soit de ses fonctions, de son industrie, de ses propriétés ou de son commerce. [18]

Dans ce tableau, les habitants du nord auraient figuré assurément au 20e rang, et leur cote imposable n'aurait été que de P. 3, aucune autre classe de citoyens n'étant moins pourvue de revenus qu'eux.

L'abolition des droits d'exportation resta huit années consécutives comme une preuve éloquente de la justice qui avait pénétré la conscience gouvernementale.

---

[18] Pour déterminer la classe dans laquelle un contribuable devra être placé, il suffira, s'il est salarié de l'État, de poser d'abord ce qu'il en reçoit par payements mensuels ou éventuels ; à cela on ajoutera les deux tiers du produit que lui aura donné un revenu de l'année précédente, soit de ses propriétés urbaines ou rurales, soit de son commerce ou autre industrie (réservant l'autre tiers pour faisance valoir) ; on additionnera ces différentes sommes pour avoir un total sur lequel prenant 5 pour 100 pour la contribution, on reconnaîtra par le résultat de cette opération la classe dans laquelle ce contribuable devra être placé;… De semblables opérations se feront pour tous ceux qui auront un revenu quelconque provenant des propriétés foncières ou agricoles, de leur industrie, agricole, commerciale ou autrement — Ceux des contribuables qui n'ont point de propriétés foncières et qui n'ont que des appointements on des gages annuels ou hebdomadaires, devront être taxés aussi à raison de 5p. 100 sur leurs revenus ou salaires ; mais ceux qui n'auront que 60 gourdes par an et moins que cette somme, seront toujours à la vingtième classe. (15 août 1827) Circulaire du Secrétaire d'État des finances.

Un organe officiel parle en ces termes de ce fait heureux qui s'était introduit pour la première fois dans notre législation fiscale :

Quel moyen plus juste, plus équitable de faire contribuer aux charges de l'État que la contribution directe, ou autrement dit, par une espèce de capitation en raison des facultés des contribuables… ? Depuis longtemps et jusqu'en février dernier, les finances de la République se composaient principalement des droits d'exportation sur les productions de notre territoire qui vont à l'étranger. Quelles étaient les conséquences de ce système ? C'est que l'Haïtien laborieux seul payait des droits énormes sur les récoles qu'il s'efforçait de recueillir pour vendre au commerce du dehors ; et ses peines, ses sueurs étaient à peine récompensées, parce qu'à cause des droits d'exportation ses denrées ne se livraient au commerce qu'à de vils prix ! La loi du 23 février dernier qui a aboli les droits d'exportation sur les produits de notre territoire n'a-t-elle pas fait augmenter aussitôt, de près de 50 % la valeur de ces mêmes denrées ? Cette loi n'est-elle pas un bienfait pour tout Haïti ? Mais… ne fallait-il pas trouver un moyen légal, équitable de remplacer dans les recettes publiques celles que l'abolition des droits d'exportation venait de faire disparaître ? Nulle autre mesure ne pourrait remplir ce but que la loi sur la contribution extraordinaire : elle atteint tous ceux qui jouissent de leurs droits civils d'Haïtien, de sorte que celui dont les goûts ne seraient pas de se livrer à la culture ; celui qui vit comme rentier, qui ne s'occupe que de cultiver les productions pour la consommation du pays, ou qui se voue à l'éducation du bétail ; celui enfin qui emploie son temps à servir les autres, en payant tous sont atteints, et contribuent aux charges de l'État. … Je présume trop favorablement du patriotisme des Haïtiens pour ne pas croire que vous les trouverez toujours disposés à vous seconder, parce qu'ils seront pénétrés que *du salut de la patrie dépend le salut de leurs familles.* (S. C. Imbert, Secrétaire d'État : Circulaire du 18 août 1827.)

Quoi qu'il en soit, la seconde loi sur la contribution extraordinaire qui s'était inspirée de l'impuissance de la première, fit naître de la sienne propre une troisième loi marquée du coin de la même fatalité pratique, nous voulons parler de l'impôt personnel et mobilier. Cette troisième loi disposait :

Loi du 9 septembre 1828

Considérant qu'il est juste que tous les Haïtiens, quelle que soit leur condition, contribuent aux charges de l'État, pour assurer à chacun une entière garantie, non-seulement pour sa personne, mais encore pour ses biens.

Art. 1er. Il est établi, sur la généralité des Haïtiens, une imposition personnelle et mobilière pour l'année 1829.

Art. 6. Afin d'asseoir sur des bases équitables la répartition de cette imposition, la commission la règlera comme suit : elle prélèvera 5 % du *minimum* présumé des revenus ou produits de l'industrie de chaque citoyen.

Art. 7. Les contribuables dont les revenus ou produits de l'industrie n'atteindraient pas la somme de soixante gourdes (P. 60), ne pourront être taxées moins P. 1,50.

D'abord le titre de la loi disait assez mal la pensée qui l'avait engendrée. Par sont art. 6 qu'on vient de relire, il est positif que l'impôt devait de nouveau s'asseoir sur le revenu des personnes ; et nul n'en était exempt : travailleur des villes, des plaines ou des mornes, tous étaient désignés à la vigilance du fisc.

Ce n'est pas sans causer quelqu'embarras à l'esprit que fut donnée de la loi, six ou sept mois après sa promulgation, une explication inopinée :

S'il faut à la commission des renseignements pour pouvoir statuer sur la quotité de l'imposition de chaque contribuable, il est évident que l'autorité militaire s'entendant avec l'autorité civile, il sera facile de les acquérir... ces renseignements ne consistent que dans les états exacts des propriétés rurales et des autres propriétés qui se trouvent dans les villes ou bourgades, etc.

Cependant, lorsque les propriétaires résideront hors des communes, où sont situés leurs biens, les commissions des villes, où sont placés les dits biens devront faire face à celles des communes où habiteront ces propriétaires, les états de propriétés dont il s'agit, et des revenus dont elles seront susceptibles, afin que ces contribuables, suivant l'art. 5, de la dite loi, puissent être équitablement taxés dans le lieu où est leur résidence. (le 21 mars 1829 : Président d'Haïti)

Cette explication tardive, évidemment contradictoire et confuse, limitait l'effet de la loi au rendement des biens ruraux et des maisons des villes, et ne permettait d'atteindre que les propriétaires en titre. La masse des locataires du coup échappait à l'impôt, et la rubrique de la loi perdait son sens le plus ordinaire : contribution prélevée sur l'aisance personnelle et fixée d'après la valeur de la maison que chacun occupe.

Du reste, quelque sens définitif qu'il faille donner de la loi, sa portée ne va pas jusqu'à dépasser un pur intérêt historique. Elle devait, comme ses aînés, rester un simple témoignage de la volonté du législateur de rentrer dans la formule de la justice sociale. L'étude des choses de la guerre absorba si complètement l'esprit de nos devanciers, qu'ils manquèrent presque à tous les autres besoins de notre administration. Plus coupables qu'eux, nous ne faisons aujourd'hui que parodier les nécessités des temps qui ne sont plus. Et où leur erreur s'arrêta devait commencer notre désinvolture financière.

Nos lois d'imposition s'entassaient ainsi les unes sur les autres, tandis que le papier-monnaie, accueilli du public alors confiant dans le gouvernement, florissait. Un journal de ce temps a conservé le souvenir des premiers jours du système nouveau, souvenir qu'il n'est pas sans curiosité de rapprocher des dernières impressions que l'esprit de chacun de nous garde encore :

Les billets de caisse que garantit le trésor national, remis par le trésorier général, en vertu de l'arrêté de S. E. le Président d'Haïti en date du 25 septembre dernier, ont été mis en circulation lundi dernier. Les différents régiments en garnison dans la capitale ont reçu un mois de solde en cette monnaie. Les 2 régiments qui devaient partir le lendemain, le 12e régiment, Colonel Deshaies, pour Santo Domingo, y prendre garnison, et le 4e régiment colonel Titus qui se rend dans le Nord, se sont empressés, pour faire avec plus de facilité les emplettes que nécessite leur voyage, d'échanger leurs billets pour la petite monnaie courante, des centimes ; Messieurs les négociants haïtiens et étrangers, ainsi que les marchands de la ville, ont effectué à l'envi cet échange ; plusieurs même l'ont fait pour plusieurs milliers de gourdes. En effet, ces billets sont plus faciles pour les paiements considérables que les centimes. (Feuille du Commerce, 19 novembre 1826.)

Sous ces favorables auspices, le papier-monnaie a versé goutte à goutte son venin jusque dans notre artère agricole, et le producteur de café plus qu'aucun autre citoyen en a ressenti les cruelles étreintes.

L'heureux début de nos billets de caisse mit un terme aux efforts de l'administration pour se procurer des finances. Et, par un malheureux retour à la pratique passée, l'impôt à la sortie des cafés reparut en 1835. Son taux toutefois ne reprit pas sa resplendissante iniquité ; il fut fixé à 2,50 par 100 livres, payables en papier-monnaie, dont la valeur commençait à décliner par rapport à l'étalon métallique.

L'administration du général Boyer s'acheva, ayant parcouru le cercle économique que nous avons décrit. Sa dernière phase avait été immuable jusqu'en 1843, époque où il fut question de changer toutes les bases jusqu'alors imparfaites de l'État.

Quatre années après l'entrée au pouvoir du successeur de Pétion, la partie du Nord étant réunie à la République, et de nouveaux propriétaires ayant recouvré l'antique sol de Saint-

Domingue, ce fut toujours le café qui fit la majeure partie des frais de l'existence de l'État. Nous avons pour témoigner ce fait le tableau suivant :

– Tableau 2

Ainsi, en 1821, la recette douanière était de P. 2 437 449 l avec le produit des autres impôts, elle s'était élevée à 3 750 691, y comprise une partie de la réserve fournie par la chute du Roi du Nord. Et dans ce total actif de la République, le café seul avait apporté la somme de P. 1 107 260.

En parcourant des regards les autres documents ci-après, nos lecteurs compareront les rendements des diverses branches de la recette publique, et ils demeureront convaincus que, quelle qu'ai été l'époque, notre conclusion doit rester la même : le groupe des planteurs de café est sacrifié. (tableau 3)

L'impôt immobilier, on voit, a disparu du cadre officiel ; l'impôt foncier n'y subsiste que dans son expression dérisoire : P. 1,757 pour l'année 1837, et 2,211 pour l'année 1841. Les taxes de boucheries, de patentes, réversibles sur la masse des consommateurs, doivent s'additionner avec le produit des douanes. Et il reste, après cela, les imposants chiffres de l'impôt des cafés, s'affirmant durant les années consécutives de l'administration du général Boyer.

Nous voilà transportés sous le gouvernement du général Rivière, sous l'ère d'une époque dite régénératrice.

La Révolution de 1843, pour rallier les campagnard à son mouvement, avait insufflé dans leur cerveau, qu'elle allait lever l'excommunication majeure dont ils étaient frappés depuis laps de temps. Force fut à cette révolution triomphante, sous la pression de l'opinion libérale, de payer le billet de sa promesse :

«Le Gouvernement provisoire, considérant que les droits d'exportation sont des impôts qui ne frappent qu'une classe de citoyens, notamment les cultivateurs dont les produits sont exportés ;

« Considérant que le but de la révolution est de protéger également toutes les industries et spécialement l'agriculture, etc. » (Décret du 10 août 1843)

Par les articles de ce décret furent abolis les droits établis à la sortie de nos denrées — ainsi la justice qui avait brillé en 1827 pour s'éclipser en 1835, reparaît audacieuse en 1843.

Voici, en quels termes s'exprimait un interprète de l'opinion publique, convaincu, comme nous, du résultat de notre impôt anti-social :

Eh quoi ! Oserait-on perpétuer, en Haïti régénérée, un système qui a pour résultat de faire payer l'industrie qui travaille la terre, tandis que beaucoup d'autres industries mieux rétribuées ne paient rien ? Nous ne le pensons pas — un bon cultivateur qui fait un millier de café paye P. 23 sur la valeur de ce café, soit P. 100.- Eh bien ! Un travailleur en ville qui gagne P.1 par jour et qui par conséquent n'a besoin de travailler que *2 jours par semaine* pour faire P. 100 par an ne paye *rien*. Les salariés de l'État qui reçoivent P. 100 par an à P.500 ne payent *rien*. Les médecins, les avocats, rentiers, etc, qui gagnent de 1000 à P. 10 000 par an ne paye *rien*. Il faut donc en venir à l'abolition des droits d'exportation qui pèsent tout entier sur l'industrie agricole et qui empêchent à beaucoup d'autres industries de prendre leur essor. — (*Le Patriote*, 15 juin 1843).

On peut donc dire, à la confusion des temps présents, que les souvenirs de l'âge, où il fallut accommoder les lambeaux de l'esclavage avec la faiblesse de notre état, ne couvrent plus de leur égide une pratique abominable.

Si l'impôt à l'exportation fut de bonne heure condamné, il n'en est pas de même de l'impôt territorial qui continue à se confondre dans les esprits avec l'imposition foncière. Et tandis que cette dernière, complètement oubliée, n'a que son titre seul qui soit perpétué chaque année dans la partie poudreuse de notre législation communale, le café au contraire n'a cessé d'être tenu en honneur dans le cadre effectif de nos recettes douanières. De la sorte, tout l'impôt qui ne paie pas la généralité des exploitations du sol haïtien, c'est encore de la besace des plus pauvres qu'on le retire.

L'équilibre de nos budgets, déjà mal assuré, s'était définitivement rompu, sous le poids de la dette étrangère, et le papier-monnaie, accepté à l'origine pour un papier de crédit, opérait les décharges de l'État, dont la banqueroute était masquée derrière l'illusion d'un remboursement, devenu de jour en jour plus impossible.

Le mal était fait ; le papier-monnaie étant déprécié, le tort qui en résultait devenait irréparable. Même dans l'hypothèse d'un remboursement au pair, le profit n'eut pas été pour les véritables perdants. Celui qui avait lâché la gourde à un quart en moins de sa valeur supportait une perte ; et celui qui avait reçu cette gourde à son taux déprécié, et qui en eut reçu de l'État le remboursement au pair, se fut approprié ce qui ne lui revenait pas.

Un décret de 1843 reconnut la force des choses, et régla les recettes publiques en papier-monnaie au taux du cours. Sous Boyer, les économies, réalisées sous les impositions ordinaires, rendaient rigoureusement possible un remboursement du papier-monnaie. Mais du moment que ce papier n'avait plus sa garantie que dans la solvabilité de la nation, en d'autres termes, qu'il fallut accroître les impôts pour le couvrir, ce fut un abus de mot que de parler de rembourser le papier-monnaie pour éteindre notre dette intérieure. Qui doit à lui-même, d'après l'aphorisme, ne doit à personne. Les espérances illicites d'un remboursement, à un taux plus bas que possible de celui ayant cours, firent néanmoins fleurir le papier-monnaie, au sein de la protestation universelle que ne cessait de soulever son existence.

Les droits à l'exportation des denrées abolis, la contribution territoriale étant payable en papier-monnaie dont le taux fut fixé au change de 2,50 pour l'administration, les cafés restèrent frappés d'un impôt, dont la valeur descendit à 45 centimes par 100 livres.

L'administration issue de la révolution en 1843 avait parcouru avec une vitesse vertigineuse le cercle fatal de sa destinée. Le mois de septembre 1844 était déjà le cinquième depuis que le nouveau pouvoir qui la remplaça avait été installé. M. Laudun fut le Secrétaire d'État de la République qui, sans discontinuer, tint le porte-feuille des finances sous les deux derniers présidents. L'année 1828 avait vu le papier-monnaie entrer dans la première phase de dépréciation[19]. Et à l'heure où le général Guerrier,

---

[19]   Port-au-Prince, le 18 février 1828.

Nous Juge de Paix de la commune de Port-au-Prince, soussigné, ayant eu avis que diverses personnes font une différence entre les espèces monnayées et les billets du trésor, tant pour la vente que pour l'achat des marchandises et denrées,… nous invitons tous ceux qui auront à se plaindre d'une distinction non moins contraire à l'esprit de la loi que préjudiciable aux véritables intérêts du commerce, d'avoir à faire au Tribunal leur déclaration, afin qu'il soit pris contre les fauteurs de cette sorte d'agiotage telle mesure que de droit. (Théodore).

Port-au-Prince, 21 février 1828.

Instruit, général, qu'une partie des citoyens, et surtout, les habitants des campagnes font quelque difficulté pour recevoir dans leurs ventes ou transactions journalières le papier-monnaie qu'ils avaient reçu dans les principes de son émission avec enthousiasme, je suis fondé à penser que quelques malveillants, dans les vues de paralyser, en quelque sorte, l'action du gouvernement, auront fait naître des inquiétudes à la meilleure portion du peuple, mais malheureusement trop crédule, sur ce qui concerne le papier-monnaie. Il devient donc du devoir de l'autorité de prendre les mesures les plus sages pour faire comprendre aux habitants des campagnes qui ont à vendre, tant des comestibles que des denrées, que les papier-monnaie dont la valeur est garantie par l'État, sont en leurs mains des valeurs aussi réelles, et aussi positives que celles que peuvent représenter n'importe quelles espèces de monnaie que ce puisse être, etc. (Boyer Président d'Haïti)

successeur de Rivière, allait se trouver sous la gène pressante de notre administration financière, l'esprit se posa le problème tout-à-fait neuf de trouver de l'argent sans recourir aux deux faciles moyens qui venaient d'être fraîchement stigmatisés, sous les yeux du peuple : le papier-monnaie et l'impôt sur nos denrées exportables.

M. Laudun, hardi en ses desseins, tenta de donner un démenti à la raison, en partie saine, qui avait présidé à la révolution de 1843, dont il fut pourtant un des remarquables adeptes. — Conservé comme tel dans le dernier Cabinet, il n'y représenta pas moins l'esprit le plus rétrograde.

Il s'abrita, pour résoudre le problème nouveau, derrière les lumières d'une commission qu'il composa de MM. Jean Elie, Pierre André, Mahotière, Noël Piron, Auguste Elie, Maurice Dupuy, A. Mirambeau et V. Plésance. — À cette commission il fit connaître, sous la forme interrogatoire, son opinion personnelle ; qui fut discutée. Nous extrayons d'un document inédit les passages qui résument le débat :

2ᵉ Question : « Comme l'acquittement des charges de la dernière révolution qui eut lieu dans le Sud et dans le Nord de la république doit occasionner un vide considérable dans nos recettes, ne serait-il pas opportun, pour le combler sans secousse aucune, d'émettre un papier d'un taux plus élevé que celui de deux gourdes ? »

Réponse. « La majorité de la commission ne se fait point illusion sur les difficultés qui environnent aujourd'hui le gouvernement… mais, sans entendre lui refuser les moyens nécessaires pour mener à bonne fin sa grande mission, elle l'appelle, en raison même de ces circonstances difficiles où il prend les rênes des affaires, à entrer enfin dans la voie des réformes réclamées depuis longtemps par l'opinion. Que si, d'une part, il entreprend d'une main ferme et hardie, l'organisation de nos finances, s'il essaie par tous les moyens que lui fournit la loi de procurer au fisc l'intégralité de ses revenus, s'il abandonne peu à peu les moyens fictifs pour chercher dans un plus grand développement du travail des revenus réels; — que si, d'une part, il opère de notables économies dans les dépenses, s'il détruit les sinécures, élague les dépenses improductives, certes les conditions dans lesquelles le placeront de semblables mesures seront infiniment plus favorables que celles qui lui sont faites par les précédentes... On ne saurait, pour justifier une émission nouvelle de papier-monnaie, présenter ce moyen comme une conséquence forcée de l'état des choses comme chez nous, et comme la continuation d'un système sous l'empire duquel marche le pays, depuis 1812. Quelles qu'aient été les nécessités qui ont condamné de recourir alors aux expédients, toujours est-il qu'ils ont eu le malheureux effet de voiler aux yeux des gouvernants les vices essentiels de l'administration, et de les endormir sur la situation financière de la République, au préjudice des questions vitales dont dépendent la prospérité et les garanties de l'avenir. Toujours est-il que le décroissement de la fortune publique et privée accuse hautement aujourd'hui ce système qui a dû prendre, dans les derniers temps, un plus grand développement, en raison des difficultés croissantes, et de la diminution du travail dans le pays... On s'alarme sur l'imminence de la crise, et pour nous sauver de l'abyme, on indique le papier-monnaie comme la planche de salut : mais n'y a-t-il pas à s'alarmer bien plus sur l'état de malaise des masses, incapables de raisonner sainement leur misère et prêtes à traduire leurs plaintes et leurs vœux en mouvements révolutionnaires qui mettent alors tout en question, jusqu'à la société elle-même! Les terribles phénomènes du papier-monnaie, dans nos 15 dernières années, ne laissent plus de doute sur les dangers de cet expédient, sur ses désastreux effets. Classé dans le budget de nos recettes, il serait peut-être, au temps où nous sommes, un appât pour des prétentions injustes, mal fondées, contre lesquelles le gouvernement opposera aux réclamations insensées l'épuisement de nos finances; il sera dans la vérité, il sera fort... La majorité... ne donne pas son adhésion à la proposition des deux membres préopinant, parce que, selon elle, l'économie est aujourd'hui la voie la plus salutaire, celle sans laquelle il n'y a pour nous que périls et souffrances. »

Cette vigoureuse réponse, due à la plume de M. V. Plésance, infligea aux idées de M. Laudun un de ces échecs salutaires aux finances d'un peuple.

Les mois de l'existence éphémère du gouvernement antérieur des deux Hérard avaient pu s'écouler, sans autre émission effective de papier-monnaie qu'une somme de P. 56 055. À la vérité, la nouvelle administration avait trouvé le caveau de la grande trésorerie garni d'un million de piastres. Bien que l'écho de la morale publique eut accusé les révolutionnaires d'alors d'avoir dévoré cette somme, nous n'en relevons pas moins la majeure partie comme ayant servi aux dépenses de la République.[20] Certes, ce dut être un moment étrange pour la conscience de la génération qui nous a précédé, que celui où l'on voyait, pour la première fois, les recrues de la carrière civile tirer sur le trésor public, presqu'au gré de leur titre de révolutionnaire. Les temps passés avaient souvent offert le spectacle des hautes autorités militaires disposant des finances publiques, sans souci des réformes tracées, mais en même temps que ces hommes se reconnaissent omnipotents, qu'ils s'élevaient au-dessus des lois, ils mettaient des bornes à leurs méfaits ; ils enveloppaient toute leur conduite d'une certaine honnêteté, pleine à la fois de dignité et de patriotisme. Ils ne complotaient pas les moyens de dévaliser les trésors de la nation ; l'art d'ajouter des zéros aux chiffres fixés, de surcharger les interlignes, de négocier les remises, de compter à l'État des fournitures en blanc, de reproduire des ordonnances assurées, tout cet art moderne leur était ignoré. Ils abusaient de l'autorité ; mais ils ne leur arrivaient pas de façonner leurs sentiments à de sales et de criminelles actions. Ceux d'entre eux, qui furent relativement riches, durent leurs positions moins à des faveurs

---

[20]   P. 300 300 ont été comptées à la France, janvier 1844
          348 595 existaient en caisse au 1er janvier 1845
          100 000 existaient en caisse au 1er mars 1846
          34 695 existaient en caisse au 1er mars 1847

ou au partage clandestin de l'impôt prélevé sur le peuple, qu'à la façon débonnaire dont s'acquérait la propriété, en ces heureux temps. Après la jouissance presque gratis de la fortune mobilière laissée par les colons, se présentèrent les avantages naturels du partage de leurs biens-fonds. Des tableaux que nous avons sous les yeux, il résulte qu'en 1816, par exemple, et à la capitale, foule de logements étaient aliénés pour des sommes telles que celles-ci 10, 50, 80, 100 et 200 piastres. La vaste maison Beauvoir, située rue Républicaine, ne fut adjugée que pour P. 1000 ; celle de Bastien, rue du centre, pour P. 1000 ; celle de Gédéon, même rue, pour 800 ; de Lamothe Aigron, rue Républicaine, pour 610 ; de Dupuche, rue Américaine, pour 300. De telles adjudications, par leurs valeurs, figurent parmi les exceptionnelles. De grandes propriétés rurales furent vendues, d'après la loi de partage. L'acquéreur de l'habitation sucrière de Boutin, commune de Port-au-Prince, ne déboursa que P. 1 200. On lit, dans les Souvenirs Historiques de Guy-Bonnet, que la maison de P...., située dans la Grand Rue ne coûta pas moins de P. 10 000 à construire. L'État en prit possession, par mégarde, en violation des termes de la loi haïtienne de l'époque. Cette maison, C... se l'appropria, sans que le propriétaire qui était blanc, revenu de son voyage, pût l'en déloger. Du reste, on n'oubliera pas que le général Boyer, qui administra Haïti durant 25 ans, n'a laissé en argent à sa mort, que 5 mille piastres. C'est autant qu'en gagne seulement, dans une matinée, un moderne Secrétaire d'État ! — Aux jours, où s'ouvrit la révolution de 1843, une forte couche de parfum moral avait déjà recouvert la plupart des faits émanés de la conscience de nos fonctionnaires . publics. Ce ne fut pas sans soulever les cœurs que la cohorte de Praslin, qui s'avança sur la capitale, laissa s'y répandre l'odeur de la dilapidation, qui s'échappait de quelques-uns de ses havresacs. Mais de ce qui s'enlevait alors des caisses publiques ressemble assez à des bribes, si on veut en faire la comparaison avec le butin d'une administration de nos jours qui, tandis que les flèches de la vigilance nationale s'entrecroisent sur sa tête, ordonnance imperturbablement des factures imaginaires, et répond avec assurance aux coups qui lui sont portés, qu'il n'est pas toutefois ni le seul, ni le plus grand voleur, qu'il y ait dans la République.

La courte administration du général Guerrier avait pu s'éviter l'expédient du papier-monnaie, devenu, après lui, un char de Plutus pour tous nos autres chefs de gouvernement. En face des embarras financiers qu'on éprouva dans le cours de cette années 1844, il ne restait plus, des moyens connus, que la surcharge à appliquer au dos de ceux qui font métier de produire le café, c'est-à-dire, qu'à sangler plus fort l'âne économique de tous nos Secrétaires d'État au département des finances. M. Laudun ne fit pas faute de tenter aussi ce moyen. Mais il trouva en sentinelle, devant la routine, la même commission qui lui en ferma les portes :

3e Question. La suppression des droits d'exportation, enlevant au fisc une partie de ses revenus, et n'étant profitable qu'au commerce exclusivement, ne serait-il pas nécessaire, dans l'actualité, de rétablir ces droits comme par le passé, ou de les remplacer par un autre impôt.

Réponse : «L'opinion en faveur du rétablissement des droits d'exportation a été combattue par la majorité de la commission.

«D'abord c'est, selon elle, une criante injustice de faire peser les droits d'exportation sur le café qui supporte déjà, comme produit du sol, l'imposition territoriale. À un certain point de vue, *l'imposition territoriale est elle-même une anomalie*, puisqu'elle n'atteint qu'une seule classe de producteurs, et encore la plus malheureuse... La production de café paie assez déjà par l'imposition territoriale, pour ne pas subir, en outre, un droit d'exportation. D'ailleurs, par la suppression de ce droit, le gouvernement est entré dans une voie rationnelle, celle indiquée par l'économie politique, voie dans laquelle il est à désirer qu'il persévère, pour arriver un jour à la complète application du système qui dégrèvera de tout impôt les produits que le pays livre au commerce pour l'exportation… La majorité de la commission opine pour que le gouvernement le récupère par une augmentation du tarif d'importation du montant des droits de sortie qu'il a perdus. Établi de la sorte, l'impôt sera plus équitable, puisqu'il atteindra la généralité des consommateurs. »

En vain la pensée de M. Laudun avait trouvé un interprète éloquent, au sein de la commission. L'impôt sur les produits du sol, disait celui-ci, « c'est un impôt que le pays est accoutumé à payer ; c'est un revenu clair, net, facile à prélever. » Guerrier mourut, et le mot dit sur son cercueil : — que de principes sauvés ? — sera consacré par notre éternité économique. Son administration n'a ni engendré, ni développé, les germes pernicieux qui ont rongé notre corps social.

Il eut pour successeur le général Pierrot, le plus candide de nos présidents. Circonvenu par la tourbe de ces plats citoyens, de ces hommes obséquieux, sans valeur, sans opinion, dont tout le mérite est de savoir dérober leurs conseils stupides et malfaisants au jugement public, ce chef, si bon, se laissa entrainer dans la réaction contre la voie nouvelle qui s'était ouverte pour nos finances. Fuyant les embûches, disait-il, de la politique, Pierrot chercha jusque dans le Nord, dans sa retraite de Lafond, un lieu, d'où il peut gouverner facilement l'État. Mais il ne fut que mieux assiégé par ces pires citoyens, dont le zèle et la hardiesse se prévalurent de toutes les circonstances favorables de l'endroit. Ces gens se glissèrent à Lafond et firent de toutes les mesures ministérielles le plus complet charivari. M. Détré avait remplacé M. Laudun au poste de Secrétaire d'État des Finances. Aussi honorable de conduite, que faible de caractère, M. Détré ne se dévoua pas à remonter le torrent qui, venu de Lafond, semblait porter l'écho de la pensée du Chef de Gouvernement. Il représenta à son tour, dans le conseil secret du Président, la nécessité de répandre quelques ondées de papier-monnaie, afin que, leurs bienfaits couvrant les mécontents et les solliciteurs, son administration méritât d'être bénie.

On fit donc, à la fin, donner le branle à la planche de nos assignats. Et bientôt la vitesse acquise des émissions de papier-monnaie égala à peine les plaisirs présidentiels et le délire de la dépense publique.

Il fallut se préoccuper d'une nouvelle source de revenus pour l'État ; comme bien on le pense, ce fut encore le café qui paya les frais de l'imagination en travail :

« Le Président d'Haïti… Considérant que la situation de la République nécessite l'emploi des mesures les plus susceptibles de pourvoir immédiatement aux besoins du moment et de satisfaire à toute éventualité.

« Considérant aussi qu'une diminution sur l'impôt territorial ne peut que favoriser l'agriculteur, et que cette diminution devra s'effectuer graduellement, en raison de la position du pays, etc. » (Loi du 1er septembre 1845).

Et cet impôt territorial était diminué de 25 % dans le même acte qui rétablissait le droit de 1 % à la sortie des cafés. En langage clair, l'agriculture devait payer 2 % pour chaque cent livres de sa denrée. Au change d'alors, cet impôt équivalait à 66 centimes forts, soit 21 centimes d'aggravation sur l'année précédente.

En 1843, les droits de warfage et de pesage, atteignant la masse des contribuables, avaient été doublés. Quinze jours après, la loi que nous venons de citer fut rendue, ces droits furent ramenés aux taux où ils étaient en 1838, parce que, dit le décret du conseil d'État, « les droits d'exportation viennent d'être rétablis dans toute leur intégrité. » Le même décret, il est vrai, ajoute « qu'il importe d'encourager notre navigation, afin d'augmenter le nombre de nos marins. Ainsi, l'impôt que supportait l'ensemble des marchandises exotiques, que payait la généralité des citoyens, s'allégea sur la tête d'un grand nombre, tandis que l'existence de nos principaux ouvriers agricoles pliait sous la prose charmante d'un Secrétaire d'État.

En somme, néanmoins, de 1843 à 1846, l'impôt des cafés baissa. Et on remarquera que la portion de cet impôt, tenue jusques alors pour fort équitable, qu'on ne supprima jamais, le droit territorial, en un mot, fut lui-même, à cette époque historique, attaqué au nom de la raison et de la justice.

L'administration du général Riché remplaça celle de Pierrot. Sous lui fut maintenu le droit fixe de 66 centimes P 100 posé sur les cafés. Il y eut même un léger prélèvement de 10 centimes par piastres, destinés, alléguait-on, à l'entretien de nos quais, et additionnels aux impôts de warfage et de pesage. (Loi du 7 octobre 1846). Malgré cette augmentation, l'impôt fléchissait en suivant le cours du papier-monnaie.

Les délices du pouvoir consumèrent assez promptement l'existence du général Riché. Dès mars 1847, le général Faustin Soulouque s'élevait au rang de huitième chef de la nation haïtienne, porté par les suffrages inespérés du sénat, dont le vote sortit comme d'un conclave.

La législation fiscale des cafés ne subit pas d'abord de variation. Et la loi du 26 juillet, qui remania nos tarifs douaniers, ne trouva pas dans le nouveau Secrétaire d'État des finances, M. A. Dupuy, cet initiateur dont le mérite précurseur rendit longtemps notre espérance économique son tributaire.

La véritable innovation, introduite dans nos contributions publiques, date de l'ère fatale du monopole.

Le nouveau Président de la République avait apporté, au début de sa carrière gouvernementale, des idées tellement flottantes, des allures tellement indécises et si peu opposantes en somme aux prétentions exagérées des partis qui se disputaient la région élevée du pouvoir, que ceux-ci s'étaient finalement enhardis, dominés qu'ils étaient tous par un commun sentiment de faiblesse, par trop grande, de l'Élu du sénat. À force de se menacer réciproquement, les hommes appartenant aux deux plus forts courants qui se combattaient, aussi fiers de témérité les uns que les autres, finirent par se rencontrer presqu'involontairement sur le lugubre théâtre d'avril 1848. Le choc eut lieu. Le Président, qui était en fait menacé par l'un et l'autre parti, mais au secours de qui l'un à l'envie de l'autre s'empressa d'accourir, chacun se flattant de lui dicter, après, le prix de sa victoire, le Président surgit des débris accumulés de nos factions politiques avec le front ceint de la couronne impériale. Terrible mystère, enveloppé jusqu'à ce jour du voile obscur de tant de passions qui s'y étaient abritées ! Mais l'histoire dira que le Président Soulouque n'avait pas machiné, comme on le répète, le drame sanglant de 1848. Sans doute, le chef de la République milita dans l'action, donna des ordres, lança après coup, des décrets de mort et de proscription. La vérité est toujours que de tous les acteurs des journées d'avril, celui qui en connut moins les trames, c'est le général Soulouque.

De cet instant, maître absolu de nos destinées, le prochain Empereur rêva de faire notre bonheur à sa façon. Le césarisme économique lui sourit. Il décréta le monopole de nos cafés et quelques autres fruits de notre sol, dont il détermina les prix. En retour, la Majesté que nous allions avoir exigea du commerce qu'il ne vendit pas les choses de première nécessité au-dessus de la valeur qu'elle arrêta (Loi du 28 octobre 1848.). — On a vu, plus devant, avec quelle facilité la prépotence des vraies lois commerciales fit virer les intentions de l'Empereur, proclamé au détriment de ses sujets. Les agents responsables de l'exécution du monopole aidèrent aussi à la chute de la mesure. Pour les contrebandes qu'ils facilitèrent, ils reçurent en récompense des lots de marchandises, dont ils firent faire le petit détail en sous mains, au-dessus du tarif impérial. Il fallut, après une année de dure épreuve, renoncer à l'idée de prendre l'abondante alimentation des masses pour ciment du trône nouveau d'Haïti, ce trône qui naissait du décousu de toutes nos pensées en politique et en finances.[21]

Mais plus incommode que le murmure des estomacs de ses sujets, un hôte habitait le pays de l'Empereur : la dette envers la France. Les termes échus des années 1844-45-46-47 et 48 avaient constitué un arriéré de 8 millions 100 mille francs, dont une convention passée, dès 1847, avait rejeté le paiement en 1869-70-71 et 72, sous la condition rigoureuse que l'exécution du traité financier de 1833 serait reprise, à partir de Janvier 1849.

Ce fut sous l'étreinte de cette préoccupation, qu'un homme, un étranger, M. Rimbaud, dit-on, feuilletant à 58 ans en arrière notre histoire nationale, retrouva, rajeunit et nous servit l'idée du vieil impôt dit du quart de subvention. L'idée parvint à l'Empereur, porté s'il faut en croire à la véracité de notre source, sur les ailes gracieuses d'une dame de la cour, de madame la marquise de Roche Blanche qui passait pour avoir de nos choses politiques des idées d'ordinaire peu communes à son sexe. L'Empereur s'en remit aussitôt à son ministre des Finances du soin de faire reposer tout l'édifice de l'Empire sur la base de l'impôt du 5° des cafés. Cet impôt, resté célèbre par toutes les immoralités administratives qu'il consacra, se ressentit dans les premiers moments de la façon compliquée dont elle fut mise en pratique. On était tenu de revendre à l'administration le 5° tous les cafés, à un prix qu'elle fixait. Mais l'impôt, resté le même, continuait à se prélever sur l'ensemble de la denrée, et suivant la forme usitée. Le malheur fut que bien souvent la somme remise à l'exportateur, pour représenter la quantité de café cédée à l'État, était inférieure à la valeur qui avait été payée,

---

[21] Cette loi (du monopole) n'a pas cessé, dans le cours de 1849, de rencontrer des entraves ; son existence a été marquée par une lutte constante entre l'intérêt personnel et l'intérêt général. Conçu dans les vues de soulager la masse, le monopole manqua son but, et le gouvernement dut l'abroger. (Exposé de la situation de l'Empire 1850.)

soit au producteur, soit au spéculateur. Le public, sur qui cette différence était répartie, en faisait les frais. Après quelques mois de cet exercice, on s'arrêta à la forme plus simple, plus naturelle, qui correspondait à la pratique immémoriale d'appliquer toute la charge au dos de quelques-uns. Sur chaque 100 livres de café, passant en douanes, on préleva 20 livres pour le compte du fisc impérial;[22] on revenait à l'impôt en nature. — L'exportateur réglait ses achats en conséquence. L'administration fit opérer à l'étranger la vente du produit du 5°, et on en rendit compte à ses trésors. L'éclat du trône, on doit le dire, eut pour résultat de faire rentrer dans les ténèbres la justice qui avait brillé pour nos laboureurs durant les cinq dernières années de 1844 à 1848.

Les malheurs de 1848, la malencontreuse campagne contre les Dominicains en 1849, et 400 mille piastres qu'il fallut dans le cours de cette dernière année compter à la France, jetèrent le désarroi dans nos finances.

Pour faire face, disait l'exposé de la situation du pays en 1850 :

«Pour faire face à toutes ces dépenses, dont l'urgence était incontestable, il a fallu continuer l'émission du papier-monnaie. C'était une fâcheuse nécessité dans laquelle le gouvernement était entraîné par la force des circonstances. Mais il n'était pas permis de s'abuser sur les funestes conséquences qui devaient résulter de l'émission incessante des billets de caisse. Il fallait s'arrêter dans cette voie. Le gouvernement se préoccupa de la question et s'arrêta aux mesures suivantes : 1° règlement d'une partie des droits d'importation en

---

[22] C'est sans fondement que le journal, *La République*, fit à la chute de l'Empire, la critique de l'expression : « impôt du 5° trouvant dans la dénomination de « l'impôt du quart » un titre plus juste. S'il est vrai qu'on disait, dans une locution ordinaire, que pour passer en douane 100 livres de café il fallait donner 25 livres, cela signifiait en fait, et correctement, que pour embarquer 100 livres, il fallait en donner 20, ou donner 25 de 125 : toujours le cinquième.

monnaie nationale et au taux du doublon ; d'une partie en espèces fortes effectives, et du reste en bon du Trésor ; 2° application du produit des cafés du 5° au paiement de la dette étrangère et au service intérieur. Cette combinaison a pour effet d'arrêter l'émission du papier-monnaie et d'amener l'équilibre entre les recettes et les dépenses publiques. »

L'empire, quoi qu'en dit l'acte officiel, cumula les deux impôts anti-sociaux, le papier-monnaie et le 5e. Et le service de la dette française qui semblait les avoir créés, l'un à l'exclusion de l'autre, ne s'accéléra pas davantage.

La neuvième administration qui se dressa sur les ruines de l'Empire s'en tint au fait accompli : la propriété caféière passa à ses yeux pour la seule débitrice de la France. Par sa forme, la contribution du 5e mérita les vives critiques de la république renaissante. Mais il ne se rencontra pas une voix qui prit la défense de ces malheureux dont les épaules avaient porté, neuf ans durant, l'Empire et son faste. Cédant aux cris du commerce, la nouvelle administration renonça au prélèvement en nature de l'impôt, et transforma le 5e en son équivalent, c'est-à-dire, en un droit fixe de P. 1.85 par 100 livres de café (Loi du 29 juin 1859).

Le papier-monnaie ne discontinua pas les attractions sur nos bourses ; au contraire, il prit, sous l'administration du général Geffrard, un développement dont l'Empire même n'avait pas connu la limite audacieuse. Se conjurant ensemble avec les effets de la loi de l'imposition des cafés, il aida à maintenir nos citoyens de la campagne dans cette espèce d'infériorité originaire sociale et juridique, où nous les retrouvons encore de nos jours.

Voici comment témoignent du sens moderne de la taxation des cafés messieurs les membres de la commission formée en 1859, pour révéler les mystères de la comptabilité frauduleuse du 5e :

Dans ces taxes on voyait…

« On voyait l'extinction de la dette nationale, cette lourde charge qui, depuis 34 ans, pèse si lourdement sur la patrie ; on en espérait la restauration de nos finances frappées de stérilité et de discrédit ; et, comme conséquence naturelle de ces heureux résultats, l'industrie sortait de ses ruines et reprenait l'essor ; l'agriculture rouvrait ses sources fécondes de postérité ; l'aisance s'infiltrait parmi les masses travaillées de besoin, et le peuple, soulagé de la misère intérieure, libéré de ses engagements envers l'étranger, recommençait sa marche, libre de toute entrave, vers la fortune et le progrès.

Et le journal *La République*, modulant sur le même thème, répétait à l'unisson :

«Si, nous faisant le champion des vérités de la science économique, et nous appuyant sur ses principes incontestables, nous nous imposions le devoir de démontrer l'erreur et l'iniquité de tout système en général qui frappe, exclusivement et en nature, une branche de la production agricole, sans doute notre tâche eût été bien aisée. — Mais tel n'est point notre but. Nous faisons la part des circonstances impérieuses sous l'empire desquelles cette charge, si lourde a été consentie par le peuple. — La taxe du 5e, n'est-ce pas la rançon de ce sol sacré où dorment, de l'éternel sommeil, les glorieux fondateurs de l'indépendance nationale ? …

Nos lecteurs n'auront pas de peine à reconnaître qu'il faut retourner bien loin en arrière dans notre histoire, pour rencontrer la période correspondante à une telle théorie, où il était permis, avec un sans gène indiscutable, d'entretenir chez quelques uns la misère exécrable, dans le dessin fort sérieux de travailler à la postérité publique.

M. A. Dupuy, mandé d'Europe, exprès pour qu'il reformât nos finances, en revint dans le cours de 1863. Son exil de son pays, durant quinze ans, ne le fit pas oublier où gisait, en Haïti, la matière taillable. Par une application de la théorie physique qui projette la lumière sur la lumière, pour produire l'obscurité, le célèbre financier entassa papier-monnaie sur papier-monnaie et obtint la radiation de tout le passif flottant de la République.

Pour s'opposer à sa réapparition, il entreprit, du même coup, de satisfaire les appétits gloutons des gérants de la chose publique, et additionna sur le dos des misérables producteurs de café 10 pour 100 du poids de leur charge, dont une partie destinée à défrayer la table de son Excellence républicaine. Puis ayant accompli sa tâche, il déposa brusquement sa démission, s'étant volontairement rendu au siège de son repos, d'où il avisa qu'il se sentait mieux derrière les brouillards de Londres, pour contempler à travers les années, l'épanouissement du germe fécond de ses réformes.

La dixième administration haïtienne fit irruption de l'écroulement de la république de Geffrard. Sylvain Salnave, à force d'audace et de témérité, finit par en devenir le chef. Étranger à l'art spécial de manier les hommes, quoiqu'il fût fort au fait du jeu de la lame tranchante, il s'irrita de la révolte qui naissait de ses mesures irritantes. Deux ans d'une guerre civile effroyable, terminée par la peine capitale appliquée au nouveau Président de la République, mirent en évidence le péril social, attaché désormais à l'engouement qui escorte d'ordinaire tout général haïtien qui veut être audacieux, et servirent de leçon à la présomption qu'on a souvent, de se croire propre à gouverner l'État, sans en avoir la capacité.

Les campagnards surtout, tête baissée, avaient donné dans le dernier mouvement anarchique, avec la décevante espérance qu'ils entreraient dans la terre promise, guidés par la flamboyante épée de Sylvain Salnave.

La façon, quoi qu'il en soit, dont ils ont été maltraités, ressort des vicissitudes des mesures suivantes :

1868 — Arrêté du 3 août qui établit le monopole des cafés.

— Arrêté du 28 décembre qui remplace le monopole par l'impôt en nature du quart de la quantité de café exportée, et par un droit fixe de P. 3,35 % sur le reste.

1869 – Arrêté du 26 août qui rétablit le monopole.

– Arrêté du 15 juin qui abolit de nouveau le monopole.

Loi du 22 septembre qui, pour une troisième fois, met en vigueur le monopole.

Aux Cayes, la Révolution, également, monopolisa les cafés.

Dans le nord, le flux de contrefaçon des papiers-monnaie ravagea ces cafés de concert avec la puissance révolutionnaire qui fit marcher les presses à toute volée.

Par Salnave		Par la Révolution	
		À Saint-Marc	Aux Cayes
1867	$ 15 819 482		$
1868.			
Janvier			Report : 570 748 349
à	22 244		1870.
Juillet			Émission de types nouveaux 100 000 000
Août			Solde des émissions de St Marc 22 228 000
Septembre			
Octobre	35 018 289		Reste en circulation $ 693 476 349
Novembre		$ 400 000	Circulation de 1826 à 1866 83 754 951
Décembre		3 811 000	
	73 081 771	4 211 000	1872.
1869.			Total de la circulation au moment
Janvier	12 194 500	5 418 840	de l'abolition du papier-monnaie. 777 231 300
Février	13 000 000	7 286 000	Retrait général
Mars		10 684 000	
Avril		7 772 000	
Mai	238 121 720	8 916 000	Contrefaçon ou faux papier et
Juin		10 696 000	papiers destinés au brulement
Juillet		8 476 000	frauduleusement remis 73 695 349[1]
Août		13 086 000	dans la circulation.
Septembre	74 165 144	22 251 040	
Octobre	74 280 144	36 292 000	
Novembre	69 390 644	32 215 776	Balances égales $850 326 649 $ 850 326 649
Décembre	37 672 000	32 272 000	
	$ 592 445 923	$ 216 576 656	
		592 445 923	
		84 273 512	
			$ 84 273 512
1869.			
Total du papier émis		$ 893 296 091	
Retrait des types Salnave		322 547 742	
		570 748 349	Balance perdue des types
			Salnave $ 269 898 181

[1]La contrefaçon et la remise dans la circulation des papiers destinés aux flammes ont dû être beaucoup plus considérable, si on se représente les quantités de notre argent papier disparues, soit dans les incendies, soit par la détérioration.

De la chute de Geffrard, au commencement de 1870, les trois pouvoirs émetteurs fabriquaient, ensemble, pour une somme de 893 millions 296 mille 91 de ces papiers dits gourdes d'Haïti.

Le général Nissage Saget vint inaugurer notre onzième administration publique.

Il est juste que je dise ici, qu'en ma qualité de membre du corps Législatif, je ne fis pas opposition au vote de la loi du 2 août 1870, qui sanctionna le décret révolutionnaire du 25 janvier de la même année, lequel réunit pour la première fois les vieilles taxes, que payait le café, en un droit unique de P. 2.25 par % livres.

Je me vis forcé, de lutte épuisé, de céder avec mes amis à la surtaxe des 20% qui aggravaient l'impôt des cafés, et l'élevèrent à 3%. (Loi du 22 août 1872).

Ceux qui n'ont pas déjà oublié toutes les circonstances de la mémorable réforme de notre système monétaire, de cette lutte où la passion des intérêts fut terrible, atténueront en ma faveur, j'ose le croire, ce qu'il a été ajouté de réellement dur à la condition de nos campagnards.

À l'une des conférences qui se tinrent au sujet du retrait du papier-monnaie, au palais national même, et sous la présidence directe du Chef de la République, un des membres du commerce, économiste de renom, opina pour qu'on fit pivoter toute la réforme monétaire sur la plus-value des cafés, telle qu'elle se pouvait déjà calculer, disait-il, d'après la récolte manquée de Java. Nos campagnards, ajoutait-il, n'auraient aucun droit pour se plaindre de cet accroissement d'impôt, puisque la surtaxe n'enlèverait de la valeur de leurs produits que juste la part qui n'était pas présumable dans leurs espérances, ou qu'ils n'avaient pas dû compter dans leurs revenus. Enfin il s'efforça de prouver qu'il était dans les malheurs de Java un signe visible, indéniable, que Dieu même avait voulu s'intéresser à notre réforme, en nous procurant un moyen prompt et facile de l'accomplir.

Ce dernier argument bien choisi pour attendrir l'âme surtout éminemment béate du chef politique de la nation, ricocha néanmoins sur le cerveau de celui qui savait aussi se vanter de connaître au besoin sa rhétorique. Un Sénateur, dont la solidité d'opinion était intermittente, reprit l'argument, y mit la sourdine, et parla longtemps du droit mesquin d'une cince ½ à prélever sur la livre de café, — ce qui en réalité mettait l'impôt proposé à 1 million de piastres, soit la moitié de la somme qu'exigeait la réforme.

C'est à tant de difficultés, sans rappeler les menaces, qu'il fallut faire face les deux ans, durant lesquels flotta incertain le projet du retrait de notre papier-monnaie.

L'Emprunt, remboursable à termes échelonnés, à un taux d'intérêt étranger relativement faible, fut le mode que je préférai, que je proposai et soutins jusqu'à l'heure où il fallut décider du vote de l'assemblée, par de mutuelles concessions. L'impôt et l'emprunt combinés furent le mode que finalement je pus faire admettre. Ce plan créa en même temps la commission qui termina l'œuvre de la réforme.

Des deux virus attachés aux flancs de la propriété caféière, je contribuai ainsi à arracher un, si ce n'est le plus lourd, du moins celui dont l'aspect désolant tenait notre état à la barre des nations.

Je ne m'arrêtai pas là; le retrait heureusement achevé, je déposai sur les bureaux de la chambre le projet de la loi qui faisait cesser les surtaxes avec les motifs qui les avaient créées. Renvoyé au comité des Finances, ce projet fut l'objet d'un rapport favorable. Le faisceau que nous avions formé pour protéger la propriété caféière, dans certaine limite, ne se retrouva plus, je dois le dire, au moment où il fallut prendre notre résolution. Quelques membres de la chambre jugèrent trop prompte la mesure et purent gagner un temps qui devint fatal pour nos bons agriculteurs. [23]

Depuis, la onzième administration de la République est échue à Michel Domingue, général également audacieux et incapable. Non seulement les surtaxes continuent à peser sur les cafés, mais, par un arrêté tout récent, les droits sur la denrée ont été portés à P. 4.80. M. Septimus Rameau, l'universel Secrétaire de son oncle, le Président, en mettant ainsi le comble à notre antique fiscalité, en a marqué la chute infaillible.

---

[23] BILAN DU RETRAIT DU PAPIER-MONNAIE
(Au 30 septembre, 1873)

PASSIF		ACTIF	
G P			P
Pour papier-monnaie	544 675 405 soit 1 815 584,68	Par montant de la caisse de réserve de l'année 1871-1872	350 274,73
Pour papier-monnaie en bons restant dus sur les opérations de la substitution	35 753 064 soit 119 176,88	Par montant de la caisse de réserve de l'année 1872-1873	332 393,71
Pour frais divers, ceux de l'emprunt compris	219 504,48	Par produit des 45% de surtaxes	717 575,93
	P. 2 154 266,04	Par produit des 5% à distraire des recettes ordinaires et destiné à couvrir tous frais du retrait.	166 196,85
	521 275,08	Par l'existant en monnaie métallique	59 988,43
		Par l'existant en monnaie de billion	7 611,31
		Balance due pour le retrait	521 275,04
			P. 2 154 266,04

N.B. — Cette balance de 521 mille 275 piastres était due au 30 septembre, 1873, sur le crédit de l'emprunt qui avait été ouvert à l'administration, jusqu'à concurrence de P. 800,00 pour faciliter la prompte exécution du retrait. Or, aux termes de la loi, la caisse de réserve formée des 10 et 5 % de la recette ordinaire de la République devenait la garantie du dit emprunt. Il ne suffisait donc que d'une année pour payer, avec les 15 % de la réserve, le reliquat passif du retrait, reliquat, dont l'intérêt, décroissant dans le cours de la même année et au fur et à mesure de son remboursement, constituait une nouvelle somme très faible, prélevable sur l'avoir du trésor. Les surtaxes pouvaient donc être abolies à partir d'octobre 1873, puisque le remboursement de l'emprunt était assuré.

Les cavités du papier-monnaie comblées, la rançon de notre indépendance presqu'éteinte, l'horizon financier nouveau souriait déjà à tous les enfants d'Haïti, quand il s'est trouvé cette main parricide qui se leva, dessinant sur le sein de la patrie ses lugubres projets. Seul un providentiel hasard a pu, jusqu'à cette heure, en arrêter toute l'infamie.

Nous avons une sotte façon de former notre gouvernement. Et certes, la dernière tentative de M. Rameau de faire porter à la nation une nouvelle charge étrangère, forte cette fois de 300 millions de francs remboursables, en 40 ans, restera comme un de ces enseignements utiles et susceptibles d'éveiller, par ses douloureuses perspectives, la raison publique d'un peuple. [24]

Ici s'achève l'historique d'un impôt qui fut toujours injuste et cruel. Son berceau, on a pu le voir, fut l'esclavage. Pour l'apprécier dans les temps primitifs de notre État, il nous a fallu le jauger à la capacité économique de nos premiers parents. Vu sous ces considérations obliques, il s'est montré à notre esprit comme le produit de la triste nécessité.

Les temps présents sont autres, et de l'expansion des lumières est enfin sortie la justice qui éclate actuellement dans la conscience.

Les citoyens, en général, n'ont que deux grandes sources auxquelles ils peuvent tirer l'argent qu'ils versent à l'État : le revenu et le capital.

----

[24] En prenant P. 800 000 pour la moyenne du rendement de l'impôt des cafés, de 1804 à 1875, on trouve que la propriété caféière a payé à l'État, durant ces 71 années, la somme de P. 56 800 000. Eh bien, il faudrait ajouter encore à cette valeur le chiffre des 11 millions de piastres qui a été formé par les 47 ans d'émission du papier-monnaie, pour couvrir la somme de 60 millions de piastres ou de 300 millions de francs, dont la réverbération n'a pas effrayé l'imagination de M. S. Rameau

Par son revenu, le citoyen qui se livre à la culture des cafés est aussi pauvre que le moindre industriel haïtien ; nous l'avons assez prouvé.

Par son capital, c'est-à-dire, la portion de terre dont il est possesseur, est-il en fait détenteur d'une valeur qui peut motiver, en apparence, cette capitation princière qu'il subit ?

Évidemment non.

Admettons jusqu'à 100 millions de livres l'entière production des cafés, pour ne pas omettre la contrebande.

Dans nos terres meubles, les cafiers viennent bien, plantés à 8 pieds de distance les uns des autres, ainsi que le remarque M. Eugène Nau. Dans la terre compacte ou caillouteuse, cette distance peut être moindre, sans inconvénient, et diminuer jusqu'à 4 pieds.

La moyenne du rapport de chaque cafier est d'une livre par an. Notre mesure de superficie, ou le carreau, vaut 350 pieds carrés français.

Les expressions

350 / 8 = 43,75 et 43,75 x 43,75 = 1914 donnent ce dernier résultat de 1 millier 914 cafiers contenus dans un carreau de terre.

Or ces 100 millions de livres de la récolte indiquent l'existence de 100 millions de cafiers.

Donc, 100 000 000/1914 = 52 246. Ce qui veut dire que la culture du cafier occupe sur notre sol un espace grand comme 52 mille 246 carreaux de terre.

Réduit en lieues carrées, ce nombre de carreaux représente : 52 246/1175 ½[25] = 44,44 lieues carrées. On sait que la surface entière de notre Île est de 5 200 lieues carrées[26]. Le fond de la propriété caféière n'en est donc que la 113ᵉ partie.

L'expression 11 755 183 x 5 200 donne en résultat 6 millions 12 mille 695 carreaux de terre, pour représenter, en d'autres termes, la superficie totale d'Haïti.

Seule, la portion du territoire occupée par la République dominicaine est d'environ les 2/3 de toute l'île.

Dès lors, la République d'Haïti proprement dite, ne s'étend que sur une surface de 2 millions 37 mille 565 carreaux.

Par rapport à cette dernière superficie, les cafiers n'occupent que la 39ᵉ partie du sol.

Il a sauté immédiatement aux yeux qu'un 5ᵉ de notre population ne saurait disputer à personne la place au soleil, car, en supposant que les quatre autres 5ᵉ fussent aussi bien partagés, il resterait encore 17 cent mille carreaux de terre qui attendent des habitations sur leurs crètes comme dans leurs vallées.

Quel est maintenant le prix d'un carreau de terre où a pu dominer le café ? — 200 piastres au maximum.

Toute la valeur des 25 mille carreaux près qui constituent le fond ou le capital approprié par nos 40 mille familles cultivatrices, ne dépasse pas en conséquence 10 millions de piastres[27]

---

[25] Le chiffre 1 175 ½ est déterminé comme suit : 1 pied = 0.32484 mètre
350 x 0,324848 = 113m694
Or 1 lieue = 3,89808 = 3 898.08 mètres
Donc l'expression 3 898.03/113.396 4 * 3 898.08/113,694
Ou 15 195 027 636/12 926 327 = 1 175 ½ représente la quantité de carreaux de terre qu'il y a dans une lieue carrée
[26] Soit 6 112 695 x 12 926 ou 5 200 x 3 898 = 79 022 kilomètres carrés.
[27] Les 2 810 caféteries, relevées en 1790, représentaient une valeur de

Qu'est-elle donc, cette propriété caféière, même au point de vue du capital foncier, si on la compare seulement avec la façade construite sur le quai du Port-au-Prince ? À peine si elle en vaut le double. Sous l'administration du général Geffrard, on offrit 1 million ½ de piastres pour l'autre façade du quai qui n'est pas bâtie, c'est-à-dire, pour un terrain qui n'est pas long comme un 5ᵉ de lieue, et qui n'a que 200 pieds peut-être de profondeur.

Il faut donc toujours repousser l'impôt assis sur la propriété caféière, parce qu'il n'entre pas même dans le cadre des erreurs économiques, et qu'il n'est que le produit de notre brutalité administrative.

Un ou deux autres exemples achèveront cette démonstration déjà superflue.

4 000 bananiers, distancés de 5 pieds les uns des autres, couvrent un carreau de terre. Le rapport annuel de cette bananerie sera de 4 000 régimes de bananes qui, vendus au prix de 75 centimes chaque, représenteront une valeur de 3 000 piastres. On récolte, dans une même étendue de terre cultivée, 1914 livres de café ne valant que P. 191, aux prix courant de P. 10 le %.

Où prend-on donc le droit de taxer le produit du propriétaire qui se fait P. 191, quand on exonère complètement le produit de celui qui gagne P. 3 000 ? Sans doute, cette dernière somme, généralement, n'est pas fournie par une même surface de terrain travaillé, et ne se trouve pas concentrée dans une seule main. Mais on peut dire autant de cafés récoltés, et de même qu'on a pu arguer du produit total de ces cafés pour en déduire la capacité de l'impôt, on eut pu aussi bien considérer la valeur générale de nos bananeries, et s'apercevoir qu'il y avait pour le fisc à prendre presqu'autant d'un côté que de l'autre.

---

56 200 000 livres tournoies, revenant à 7 500 000 piastres, y compris terres, bâtiments et plantations.

Un millions de bouches, grandes et petites, absorbent, en moyenne, un million de bananes par jour, soit 20 mille régimes de 50 bananes chaque. Au prix, posé plus haut, de 75 centimes le régime, le rendement brut de nos bananeries est de P. 15 000 journellement, et pour l'année, de P. 5 475 000.

Quelle grande différente existe entre ce chiffre et celui de P. 6 000 000 qui est la moyenne valeur d'une récolte de cafés ?

Que si donc l'exclusive préoccupation fut de s'arrêter aux matières les plus justement imposables, on eut conclu, au contraire, que la banane l'emporte sur le café, parce que l'impôt payé par la banane eut été reversé sur la consommation et réparti, autant que possible, sur la généralité des citoyens qui la mangent.

Et pourquoi avons-nous délaissé même la canne ? Au moins on peut dire de celle-ci que sa taxation est d'origine séculaire également. Planté en canne, un carreau de terre peut rendre 10 milliers de sirop dont la moyenne valeur est de P. 200. Pour être différents par leurs matières organiques, la canne et le café ne sont donc pas moins égaux en rendement.

Nous pouvons évaluer, avec une approximation suffisante, le produit de nos guildives à 100 mille barriques de spiritueux, par an. Ces 100 mille barriques de tafia, vendues de P. 2 000 000 valeur saisissable par le droit économique et le droit moral, laquelle, en supportant l'impôt, eût amené pour les planteurs de café une diminution du tiers de leurs charges.

Sous la Colonie, les 350 millions ½ de livres de sirop fabriqué payaient, sous une forme quelconque, P. 590 000 d'impôt, c'est-à-dire, près de quatre fois la valeur du produit de l'imposition qui existait sur les cafés. À son taux d'autrefois, le même impôt, prélevé aujourd'hui sur nos 100 mille barriques de tafia, eût rapporté encore environ P. 100 000. Or la taxe communale sur les spiritueux pose justement ce chiffre dans ses prévisions (P. 1 par fabrique, qui est de 60 gallons). D'où vient donc qu'on ait abaissé rationnellement, pour ne pas dire annihilé, le vieux droit fiscal établi sur nos champs de cannes, tandis que la culture des cafés que de louables efforts rapprochent de l'idéal colonial, voit l'impôt partir de 150 à 160 mille pour faire, comme aujourd'hui, son ascension dans la région infernale de 3 millions de piastres?

Bien d'autres produits, quoique disséminés sur la surface du pays, forment par leur réunion de fortes valeurs que le fisc haïtien néglige, ne voit pas. Ainsi nos produits d'espèce animale[28], nos produits maraichers, etc. il n'y a pas plus petit marchand d'herbes aux abords de la capitale qui ne soit plus riche que ce prince indigent de nos montagnes.

La suprématie fiscale, dont les effets assassinent en les honorant un groupe de nos travailleurs, est une honte qui apparaît, sous toutes les formes, au miroir de la conscience publique d'Haïti.

---

[28] «La viande que consomme par jour la généralité des haïtiens équivaut à peu près à 100 têtes de bœufs. Une telle consommation suppose l'existence de 148 000 de ces bêtes, dont l'âge varie de 1 à 4 ans. À 20 piastres par tête, notre bétail représente donc un capital de 2 960 000 piastres. Mais loin que cette valeur fut toujours considérée comme une branche appréciable de notre économie publique, son développement passa au contraire aux yeux du fisc pour une abomination :

«La culture… qui doit être spécialement encouragée, pour que le gouvernement puisse être en retirer les secousses dont il a besoin, a éprouvé des entraves… parce que des personnes égoïstes ont abandonné cette branche industrieuse du commerce, pour ne s'attacher, dans l'espoir d'un gain plus facile, qu'à élever des troupeaux de bêtes à cornes. Ces troupeaux se sont tellement multipliés dans l'étendue de la République, qu'il semble que nous allons devenir un peuple de hattiers, et le petit nombre de citoyens qui ont encore le courage de défricher leurs champs, sont journellement exposés à voir anéantir les fruits de leurs sueurs par ces animaux destructeurs, contre les ravages desquels il ne peut exister d'enclos défensif. — Circulaire du Président d'Haïti, qui autorise d'abattre les bêtes à cornes trouvées dans les jardins. (2 septembre, 1823.)

Si les ravages du papier-monnaie furent plus étendus, on peut dire que ceux de l'impôt des cafés sont plus profonds. On atteint à l'horrible, quand on songe que durant longtemps, les deux charges furent accumulées sur l'existence des mêmes citoyens.

La double dette étrangère, dont un reste est dû à la France, commencée en 1826 pour finir en 1883, s'est élevée à 22 millions de ½ piastres.

De 1826 à nos jours, c'est-à-dire, durant 49 années consécutives, les seuls producteurs de café ont payé par l'impôt environ 38 millions de piastres.

Le total de l'impôt du papier-monnaie, durant le même laps de temps, s'est trouvé de P. 11 863 646. En ajoutant à cette dernière somme 11 millions, pris sur les cafés, on eut éteint la dette étrangère. Loin de là, le prétexte de l'indemnité coûta à nos malheureux campagnards plus de 27 millions de piastres en sus, qui firent les délices de nos administrateurs. Ensemble les impôts de café et du papier-monnaie ont produit 50 millions de piastres, et l'on doit encore près de 12 millions de la dette !

Avant que la séparation entre le commerce et l'État eut lieu, les citoyens de la campagne contribuèrent sans compensation aucune aux besoins exclusifs des villes. Ce sont eux qui principalement continuent à payer à l'État la suprême redevance, nous voulons dire l'impôt du sang, cette dette du soldat. Enfin la plus rude contribution, la corvée, ils la supportent seuls, sans que les autres citoyens soient appelés à donner en argent l'équivalent d'une semblable tâche.

N'est-ce pas assez de tant de motifs pour commander la réforme de notre cadre fiscal, pour relever nos laboureurs de la déchéance sociale dont on les a frappés ?

Et dussions-nous faire ombre sur le jugement d'un historien écouté, nous devons reviser la doctrine qui termine ce passage :

Les *contributions directes* du pays se divisèrent alors (en 1826) en 4 classes : 1° en *impôt territorial*, assis sur la *production* des denrées qui s'exportent à l'étranger, perçu par le fisc, non pas des mains du producteur, mais dans des douanes, au moment de l'exportation des denrées, et suivant leurs quantités; 2° en droit d'exportation, assis également sur les quantités de ces denrées, perçu en même temps dans les douanes. Le fisc ne demandant pas au producteur lui-même ces 2 impôts, à la rigueur, on pouvait les classer dans les «contributions indirectes»; mais nous les classons comme *directes*, parce qu'effectivement ils tiennent lieu de l'impôt qu'en d'autres pays on appelle «contribution foncière», et qui est assis sur le *revenu net*[29] des propriétés rurales; 3° en *impôt foncier*, assis directement, celui-ci, sur les établissements *ruraux* dont les produits ne sont pas exportés à l'étranger, mais sont consommés à l'intérieur, tels que sucre, sirop, rhum, tafia, cannes plantées sans moulins y attachés, bois à brûler, charbon de bois, chaux, poteries, briques, tuiles, sel, herbes en coupes réglées servant au fourrage urbains qui produisent un loyer...; 4° enfin, en droit de patentes, assis sur l'industrie...

Parmi elles (ces contributions), les mieux assises, sans contredit, étaient celles que le fisc percevaient dans les douanes au moment de l'exportation des denrées à l'étranger, sans que les contribuables s'en doutassent même; car on ne leur demandait rien à eux personnellement, tandis que leurs produits avaient été payés dans le commerce, par les spéculateurs en denrées ou les négociants, à raison des sommes que les expéditeurs seraient tenus de verser au trésor public, pour l'impôt territorial et le droit d'exportation.» — Cependant bien des gens ont souvent blâmé le gouvernement d'asseoir ainsi *cette vraie contribution* foncière» en prétendant que c'était nuire à la production agricole, l'entraver, empêcher son développement, etc.» À

---

[29] En France le revenu est dit net, parce qu'on en défalque le loyer de la terre. En Haïti, l'impôt n'est que brut puisqu'il ne se préoccupe de rien qui soit à l'avantage de l'imposé — Mais l'assimilation est totalement fausse, parce que, par exemple, la taxe foncière de fr. 125, supposée par l'hectolitre de blé, est finalement payée par les mangeurs de pains.

cela, on n'a eu qu'à leur répondre : qu'il faut prendre le pays tel qu'il est, avec les embarras du gouvernement pour trouver des agents assez généralement éclairés, actifs et zélés, pour percevoir intégralement la contribution foncière qui eût été rétablie sous une autre forme, et des contribuables disposés à la bien payer. Ce qui s'est toujours passé à l'égard de *l'impôt foncier,* porté au n° 3, ci-dessus, en est une preuve. » *(Hist. d'Haïti* B. Ardouin).

Ah ! Il faut à l'ordre social nouveau, tel que nous le concevons, autres choses que les vieilles assises coloniales, autres choses que les produits de la conception de nos devanciers. Il est temps qu'on cesse de rapporter au caractère général du peuple haïtien les erreurs, les défauts, l'insuffisance de ses guides. Les haïtiens, pour la plus grande majorité, ignorent leurs droits. Cela n'est que trop vrai ; mais nos administrateurs font œuvre pendable, quand ils excipent de cette ignorance pour méconnaître tous leurs devoirs.

En exonérant nos cafés, aussi bien que le petit nombre de nos produits exportables, de tout impôt qui influe malheureusement et exclusivement sur la condition de nos classes laborieuses, nous n'aurons fait qu'obéir à la justice, au droit, à la légalité ; nous rendrons enfin réelle et sincère la prescription constitutionnelle qui veut que les haïtiens soient tous égaux devant la loi et l'impôt.

Nos maux passés, nos embarras présents, sont sortis des abus et des excès auxquels se sont livrés ces agents de nos classes éclairées et instruites. Ceux-là ont corrompu, ont rendu odieux aux yeux du peuple l'exercice légitime des prérogatives du gouvernement.

La société haïtienne est coupable de son indifférence, coupable de l'horreur qu'inspire la conduite de ceux de ses membres qui se chargent de la gestion publique. On répond autant du mal qu'on fait, que du mal qui ressort de la puissance qu'on délègue.

Elle serait déjà grosse de périls, une prétention qui voudrait qu'une portion de nos citoyens supportât éternellement la part de la contribution publique qui incombe à qui la rejette.

Comme tous ceux qui composent un État ont besoin de sa protection pour subsister, et se maintenir chacun dans son état et sa situation naturelle, il est raisonnable que tous contribuent aussi, selon leurs revenus, à des dépenses et à son entretien… Rien n'est donc si injuste que d'exempter de cette contribution ceux qui sont le plus en état de la payer, pour en rejeter le fardeau sur les moins accommodés, qui succombent sous le faix, lequel serait d'ailleurs, très léger, s'il était porté par tous à proportion des forces de chacun ; d'où il suit que toute exemption à cet égard est un désordre qui doit être corrigé. — Vauban.

Quand une société en vient à avoir pour la représenter des individus complètement tarés, bornés, au patriotisme éteint, des individus qui, loin de combattre le désordre créé accidentellement par les lois de l'État, ajoutent au contraire à l'étendue de ce désordre, jusqu'à s'en faire un idéal criminel, je dis qu'une telle société arrivera fatalement à sa dissolution, si elle ne retrouve pas l'énergie nécessaire pour arracher sa représentation au masque des faux patriotes.

Ce n'est pas assez que de ne pas patauger dans le vice et le crime ; il faut pour se sauver d'un milieu où le danger est en permanence contribuer à en neutraliser les causes.

Tant que l'argent indûment perçu de nos travailleurs s'employait dans les réels services de l'État, il y avait comme une sourdine qui couvrait le bruit de la conscience.

Mais après les pots-de-vin, les commandes, les fournitures inutiles, les zéros et les interlignes, altérant presqu'impunément les ordres sur nos trésors, après la contre-façon du papier-monnaie qui avait fini par n'avoir d'autre règle que les besoins du ménage, s'est révélé le vol plus audacieux qui, en s'emparant de nos douanes et de nos caisses, a rendu les redditions de compte de la république impossibles. Maintenant, des bons, des ordonnances, des titres sur les trésors de la nation, sont dressés, fabriqués de toutes pièces, au gré de la complicité des agents de notre administration.

Ces titres que le commerce recherche, escompte et rapporte à l'État en acquittement des taxes publiques qu'il centralise, ont déterminé une nouvelle ascension sur le thermomètre de notre immortalité. Les trésoriers font servir les caisses de l'État à leurs opérations privées ; les trésors sont toujours vides ; mais à côté sont des compères qui indiquent où l'on peut trouver l'argent, moyennant un prélèvement qu'ils imposent.

On est aujourd'hui qualifié de sot, de niais, quand on ne veut pas profiter de la débauche universelle, et quiconque conçoit l'entreprise de mettre un terme à une carrière où brûle d'entrer presque toute la jeunesse actuelle, est dénoncé comme perturbateur de l'ordre des choses établi, comme une personne dangereuse et nuisible au repos de tous. Son exil, sa mort même est désirée dans ce cas. Que de femmes, au su de leurs maris, ont déjà trafiqué de leurs charmes pour obtenir de nos ministres le paiement de ces créances véreuses ! On se dit libéral ou partisan d'un tyran tour à tour, suivant l'occasion qui s'offre de s'approcher de plus près du pouvoir, dont on recherche l'égide pour couvrir ses crimes.

Une société qui en est là, qui va jusqu'à mettre le vice en fonction, qui de l'art de nous construire de vastes demeures, avec le produit des rapines publiques, fait un véhicule rapide de cette éducation qui s'adresse aux yeux pour enflammer les imaginations ; une société chez qui même les toilettes des femmes, loin d'éveiller le sentiment d'un goût moral, sont arborées comme l'oriflamme de l'impureté administrative, une telle société qui en est là, dis-je, si elle ne remet pas vigoureusement en honneur les lois de sa conservation, est prête à subir une rénovation.

Le peuple haïtien ne périra pas ; sa civilisation peut encore être guidée par l'élite de ses hommes, par l'énergie et le concours que ceux-là peuvent rencontrer. S'il n'en était pas ainsi, de vices en vices, de crimes en crimes, toute la société se consumerait ; et ces âmes fortes, que la corruption n'aura pas rongées, sortiraient alors des entrailles de notre population pour se saisir du gouvernail de l'État, et présider à nos destinées.

Il peut être commode, et il n'y a jamais pour nous de péril apparent, lorsque nous nous reposons sur les plus téméraires du soin de gouverner la chose publique. Mais résignons-nous à l'acte final, conséquence de notre conduite, si tant d'avertissements, de souffrances et de cruelles expériences ne peuvent pas nous donner l'énergie pour faire notre gouvernement.

Quoi ! Pas une ville, pas un bourg, pas une institution, pas une création, qui réponde à notre glorieuse origine ! Un chef d'État piétinant joyeusement sur les immondices de nos rues, des ministres qui s'approvisionnent sur les marchés où les légumes et la viande disputent leur place aux excréments des animaux épaves ; partout nos communes reculant devant les halliers qui précèdent la forêt ; l'haïtien resté faible, impuissant, désarmé devant toute résistance, tout obstacle de la nature primitive ; ne pas pouvoir ouvrir une route, donner l'alignement d'une rue, construire un pont, diriger une usine sérieuse ; mettre la boue où le colon avait appliqué le ciment ; aucune conception, aucun énergie, nul vouloir pour refaire même ce qui était ; ce Palais National détruit, ce Sénat renversé ; pas un temple de justice ; nos prisons restées telles qu'elles avaient été imaginées sous la colonie, aux époques où il fallut dompter des esclaves. Quoi ? C'est tout ce que nous avons pu inscrire au bilan de nos administrations publiques ! Et tandis que, autour de nous, il n'existe ainsi que ruine, misère et ignorance, l'argent du peuple s'entasse millions sur millions dans les immondes voies gouvernementales !

Et certes aucun homme n'aurait été assez autorisé, aucune administration assez forte pour entreprendre cette œuvre de décomposition et de destruction nationale, si la grande majorité de la société n'était restée toujours indifférente et impassible devant l'entreprise des aventuriers du pouvoir.

Il est un dernier espoir dans la mesure que nous prêchons aujourd'hui. Peut-être qu'obligée de payer la part d'impôt qui lui incombe dans les dépenses publiques, la grande majorité de notre société veillera sur la façon dont cet argent est employé. S'il sied que le premier magistrat de notre État ait une tenue, qui soit digne de nous, il n'importe pas moins que sa position, qui est notre représentation, ne l'élève pas tellement, au-dessus des premières familles haïtiennes qu'il ressemble bien plus à un principe étranger qu'au premier d'entre ses égaux. De ce point de départ peut naître toute une série de modifications dans nos budgets. Il serait étrange que nous eussions à faire les frais d'une administration luxurieuse, quand pour tout le reste, nous aurions été condamnés à trouver une existence nationale semi-barbare. Les sommes allouées à la dépense publique doivent être en rapport avec les facultés de tous, et la société doit vouloir que la civilisation s'implante dans le sol de la patrie, sous son égide, sous peine de sa déchéance.

Cette tâche, elle peut encore la remplir comme une mission sainte, si elle en a le sens et le courage.

Droit de vendre et d'acheter librement les cafés

J'entreprends, sous ce titre, de fournir la preuve d'une seconde idée bien simple, qui n'a pourtant pas son précédent dans nos annales libérales.

Je veux parler du droit incontestable qu'a celui qui récolte son café de le vendre en tel lieu et à telle personne qui lui convient.

L'État, jadis co-propriétaire des cafés, abusé par les ruses et subterfuges de ses fermiers, avait imaginé des dispositions légales qui menèrent de force les cultivateurs à ses balances. Là, le domaine pouvait prélever le montant de ses fermes fixé en nature ; et ces opérations, tant qu'elles durèrent, furent distinctes de la perception de l'impôt que régissaient nos douanes.

Mais les choses depuis lors ont changé, et l'État aujourd'hui se borne, soit à aliéner son fond, soit à s'en faire payer l'affermage en espèce monnayée.

Conservées d'abord par oubli dans l'arsenal de nos lois de police sur la Campagne, ces dispositions, qui s'attachaient primitivement comme des hausses-gardes aux pas de nos cultivateurs, furent par la suite dangereusement renforcées.

Autrefois, après que l'administration eut distrait la part qui lui revenait, à titre de fermes, des convois que lui conduisaient ses gendarmes, le restant des cafés était porté par les propriétaires dans les balances de leurs choix, sans distinction de celle des étrangers-commerçants.

Ce fut de la préoccupation d'accroître de quelques gourdes le rendement des patentes que naquit légalement l'industrie factice des spéculateurs. Loi étrange qui, en poursuivant l'avoir propre des spéculateurs en denrées, ne fit qu'apporter à ceux-là les ressources qu'elle leur présupposait.

Une récolte de 66 millions de cafés rapporte aux spéculateurs pour leurs offices légaux, aux taux moyen de 1½ %, 900 000 piastres.

Et certes, ce ne fut jamais pour une telle fin que le cerveau de l'homme avait ruminé l'impôt des patentes.

Je n'ignore pas que les patentes en général sont supputées dans les frais généraux des magasins ou boutiques, et que finalement elles sont payées par les consommateurs.

Autre chose si les rapports entre le producteur et le spéculateur s'étaient établis d'après la loi de l'échange libre. Le service rendu par l'intermédiaire eut dans ce cas procuré une réelle économie à la production. Mais où est la raison du gain que la loi assure au citoyen dont les attributs se résument dans une potence, un fléau et deux plateaux de balance? Pour le producteur sont toujours la peine, la fatigue, les risques, les frais de transport, la baisse factice de sa marchandise et toutes les conséquences d'un marché capricieux.

Quand cet homme, qu'on a contraint de porter lui-même son produit en ville, a fait de 10 à 20 lieues pour aller et venir, qu'il a perdu de 3 à 4 jours sur les 7 de la semaine, quand il a arpenté, exploré un marché dont il cherche les conditions qui varient de huitaine en huitaine, quand la nécessité aidée de la loi l'oblige à regagner sa terre avant qu'il ait trouvé le prix de sa denrée, va-t-il être libre au moins en ce moment de la jeter dans la première balance qui lui offrira le plus d'avantage? Non; devant lui alors se dresse l'intermédiaire inutile, que la loi impose, qui ne lui rend aucun service, et à qui il paie une rançon souvent plus forte que tout le tribut qu'il a déjà versé dans les caisses de l'État.

L'argent que le spéculateur prend dans ces conditions au laboureur est le prix ordinaire d'un service rendu qui ici n'existe pas. Cet argent eut défrayé plus humainement, plus légitimement le malheureux cultivateur de ses charges, dès lors qu'il a eu à cumuler les deux métiers, celui de producteur et celui de marchand.

Qu'il y ait dans nos billes des catégories d'individus dont l'industrie soit d'aller acheter des denrées dans leurs lieux de production, de les apporter sur nos marchés, de les emmagasiner et de consacrer leur temps à les revendre de manière à en tirer meilleur profit possible, cela paraît désirable et surtout en parfaite harmonie avec l'économie commerciale. Lorsque les choses se passent ainsi, tout le profit abandonné aux intermédiaires, aux spéculateurs, se retrouve dans le plus grand rendement que les agriculteurs tirent de leurs terres du moment qu'ils y appliquent tout le temps et toute la force qu'ils ont gagnés, en se déplaçant pas.

Ce qu'il nous faut donc reformer aujourd'hui, c'est l'usage injuste, anti-économique, qui ne permet pas aux spéculateurs de traiter l'achat des denrées sur les lieux même de la production, en suivant la seule loi de leur intérêt, et qui, par contre, oblige les producteurs à rétribuer un genre de service qui ne leur est d'aucun profit.

Rare et heureuse réforme qui sourit autant à ceux en faveur de qui elle est réclamée, qu'à ceux contre qui elle doit s'accomplir ! C'est qu'en résultat une telle réforme n'enlèvera pas du bénéfice ordinaire des spéculateurs ; elle ne fera qu'aider à la surproduction, pour le plus grand bien-être général.

Il est des choses qui par leur nature ne sont pas imposables, parce qu'elles sont insaisissables; dans ce nombre, on doit comprendre le travail des spéculateurs en denrées.

Enlever les entraves créées par la loi à l'industrie de la spéculation, et il sera aussitôt impossible de frapper de taxes une classe de marchands devenus ambulants.

On doit donc abolir la patente des spéculateurs non seulement parce que, en définitive, elle est supportée par les campagnards, mais encore parce qu'elle n'est disponible que sous une législation tout aussi absurde que nuisible.

Le coupeur de bois d'acajou,[30] le guildivier disposent, vendent par toute la campagne, leurs produits, leur chose, sans entraves; tel vend sa canne-à-sucre sur pied, au moulin, en sirop, au dehors ou au-dedans de la ville, à son gré, selon ses intérêts; seul le producteur de nos cafés ne jouit pas de sa liberté; seul cet homme salué le héros de nos campagnes, est tenu couché sur la braise ardente de l'antique économique de nos pères.

La raison veut que tout cultivateur et tout spéculateur aient le droit de faire des opérations en denrées de toutes sortes en tels lieux et à telles conditions qui conviennent exclusivement à leurs intérêts réciproques.

Si de saines considérations de police obligent encore les commerçants étrangers à séjourner dans certains lieux que la

---

[30] Le coupeur de bois de campèches, bien faible bucheron à côté de l'exploitateur de l'acajou n'a pas, lui, le pouvoir de se soustraire à l'intermédiaire que lui inflige la loi. Il est obligé de vendre ses bois au spéculateur qui les revend au négociant qui les exporte. Il arrive souvent que ces bois sont portés tout droit de la campagne à la balance de la douane où s'en fait la pesée pour l'acquittement de l'impôt. Autour de la balance se rencontrent alors le vendeur, l'acheteur et le spéculateur. — Que vient-il faire là ce dernier? — quel est son office? Quelle est son utilité? — Pourquoi tend-il main qui saisit une part de l'argent que l'acheteur à l'instant allonge au vendeur?

loi leur assigne ; ceux-ci doivent avoir au moins le droit d'acheter les cafés qu'ils trouvent à leur portée, quand ces cafés leur seront directement offerts par les cultivateurs qui n'auront pas voulu ou qui n'auront pas su s'aboucher avec d'autres intermédiaires.

Fouillons maintenant dans notre vieux passé pour en tirer la preuve que si nos devanciers péchèrent souvent par erreur, plus qu'eux nous sommes coupables de n'avoir aujourd'hui de l'intérêt public nul souci.

Après l'issue de la guerre que nous fîmes à nos maîtres, presque toutes les caféteries tombèrent dans le domaine de notre État naissant, et nous avons vu qu'elles furent d'abord affermées suivant le système de métayer.

Les fermiers et l'administration domaniale entrèrent immédiatement dans une lutte où celle-ci succomba presque toujours. Les cafés sortaient des habitations de l'État dissimulés sous les noms des propriétaires particuliers ou par des ventes dérobées, qui se faisaient sur ces habitations même. La part de produit à verser au domaine s'annihilait de la sorte presque totalement.

De là l'idée qui vint à notre première administration d'ordonner que les cafés ne fussent pas déplacés, avant l'inspection de ses agents.

Les préposés à cet office parcouraient nos campagnes et enregistraient mois par mois la récolte de chaque habitation. Tous les cafés cueillis étant inspectés et visés, on délivrait après cela des autorisations ou des permis pour leur déplacement.

Entrés en ville, tous les cafés étaient escortés par la police jusqu'aux bureaux des magasins de l'État ; et là on procédait au prélèvement des fermages, tels qu'ils résultaient des notes tenues par l'inspection. Le restant était vendu par le fermier, au gré de son profit, à tout un chacun ; il n'y a pas alors de spéculateur officiel. Les cafés appartenant à des particuliers, venaient seulement en reconnaissance.

Ce qu'il y a à dire, et qui est tout à l'avantage de ces premiers temps, c'est ce qu'on lit dans la disposition suivante :

« L'habitant ou fermier qui voudra vendre ses cafés sur son habitation sera tenu de requérir l'inspecteur et de lui exhiber le permis de l'administration, conformément à sa demande[31]. »

---

[31]   Port-au-Prince, 12 novembre 1807, an IV.
Le Secrétaire d'État,

      Considérant que… les fermiers des biens de l'État n'ont pas acquitté, pour la plupart, le prix de leurs fermes et ont disposé de leurs revenus ;

Arrêté

Art.1. Les inspecteurs de culture se transporteront tous les mois sur les habitations de leurs cantons, soumises à leur inspection, à l'effet de mesurer la quantité de café ramassé ; ils en rendent compte aux préposés d'administration, qui tiendront un registre destiné à constater le produit des habitations de l'État et les revenus de celle des divers particuliers, de manière qu'on distingue le produit annuel de chaque habitation.

Art.2. Tout officier commandant de poste, pour la sûreté des routes, et à l'entrée des villes et des bourgs, exigera des charroyeurs leur passe-port et le permis de l'inspecteur pour descendre telle quantité de café ; ce permis ne sera accordé à l'inspecteur qu'en vertu de celui qui aura été délivré à l'habitant ou fermier par l'administrateur, d'après la déclaration de la denrée récoltée. À l'entrée des villes et bourgs, il fera conduire directement le café au bureau du magasin en général.

Art.3. Sur la présentation de la denrée au magasin en général, le garde-magasin délivrera au propriétaire et fermier un permis de disposer, après avoir prélevé le prix de la ferme et de l'arriéré, etc.

Art.4. Il est expressément défendu à tous négociants d'acheter du café des propriétaires et fermiers qui ne leur justifient et fassent remise du permis de disposer… Toute denrée présentée au bureau des douanes, qui ne sera pas accompagnée du permis de disposer, sera confiscable.

Art.5. L'habitant ou le fermier, qui voudra vendre ses cafés sur son habitation, sera tenu de requérir l'inspecteur et de lui exhiber le permis qu'il a eu de l'administrateur, conformément à sa demande. Le vendeur, l'acheteur et l'inspecteur se présenteront au bureau de l'administration, afin

On le voit presque au début de notre administration, sous Pétion, l'intérêt de l'État ne se cherchait pas jusque dans la confiscation des intérêts pécuniaires de nos cultivateurs. Ceux-ci vendaient leurs produits, ou en villes ou à la campagne, selon le profit.

Ce fut en 1809 que Bonnet, générant de nos finances, pour écarter les nouveaux crocs-en-jambes donnés à l'administration des domaines, traduisit son impatience dans l'arrêté présidentiel que voici :

Le Président d'Haïti,

Voulant faire cesser toutes les fraudes qui ont eu lieu sur les habitations de la République, et parvenir à assurer au gouvernement ce qui est dû pour le prix des fermes, etc.

Art.1. Toutes les denrées introduites dans les villes et bourgs de la République seront conduites directement au magasin de l'État par la sentinelle du poste par où elles entreront.

Art.2. Les gardes-magasins ou préposés recevront la déclaration de celui à qui la denrée appartient, et de quelle habitation elle provient; ils donneront un permis de disposer pour la quantité de café délivrée, extrait d'un registre coté et paraphé, qu'ils tiendront régulièrement à cet effet, énonçant le nom du propriétaire, du fermier, ainsi que celui de l'habitation.

---

d'obtenir son autorisation pour effectuer la vente de la denrée, et elle ne sera accordée qu'autant que, par l'inspection de ses registres, il se soit assuré que le vendeur a le droit de disposer de la dite denrée.

Art.6. Tout fermier pris en contravention au présent règlement sera condamné, pour la première fois à 50 gourdes (piastres), et en cas de récidive, à la perte de sa ferme. Tout propriétaire, qui prêtera son nom à un fermier pour exploiter du café en contrebande, sera condamné à payer le double de la valeur du dit café, et, en cas de récidive, sera poursuivi, suivant la rigueur des lois, etc.

(Signé)   CÉSAR TÉLÉMAQUE.

Art.3. Il est expressément défendu à tous propriétaires ou fermiers d'habitation de vendre du café en *gros* ou autrement sur les habitations, sous peine de confiscation des dits cafés, etc.

Le 16 novembre 1809 an VI.

PÉTION
Le Secrétaire d'État, Bonnet.

Cet arrêté, pleine de rigueur, constitua l'État en balancier universel des cafés. Propriétaires et fermiers, après avoir versé leurs denrées dans les magasins publics, espèces d'entrepôts, s'en allaient les vendre sur récépissés délivrés par l'administration. — Si, conçu de la sorte, le contrôle était irréprochable, il faut néanmoins remarquer qu'il froissait le droit privé, en retirant surtout la faculté de vendre les produits sur les habitations.

Quoiqu'il en soit, on découvre sous l'empire de quelles préoccupations furent prises toutes ces mesures : elles s'inspirèrent du besoin de rendre florissante l'administration des domaines publics.

Le domaine bientôt concédé, partagé ; le louage à prix fixe étant adopté finalement pour le mode d'affermage des terres restées aux mains de l'État, tout cela fit cesser un système incompatible avec le droit de propriété ; et les dépôts de cafés furent officiellement supprimés :

D'après les nouvelles mesures prises par le gouvernement, citoyens administrateurs, en transformant les domaines de l'État en dons nationaux, et les fermes, par cette raison, devenant nulles, je vous invite, à partir du 1er de ce mois, de supprimer les travaux attachés aux magasins des denrées de votre arrondissement.

On se remit à faire librement le commerce des denrées, achetant et vendant dans les villes, bourgs ou campagnes.

Ce fut plusieurs années après la fondation de notre société que fut reprise la loi des patentes, introduite pour la première fois à Saint-Domingue par Toussaint Louverture.

Cette loi dans son article 12 disposait :

Art.12. Les étrangers, admis dans la République comme commerçants, ne pourront faire leur commerce qu'en qualité de négociants consignataires ; et ce, seulement dans les ports ouverts au commerce extérieur en prenant la patente y relative. Aux citoyens du pays seuls appartient le droit de faire toute autre espèce de commerce ou d'exercer toute autre industrie, etc. (Loi sur les Patentes, 28 juillet 1817).

Les privilèges des nationaux sur les étrangers furent de toute antiquité consacrés. Mais à aucun instant du déroulement de nos annales historiques il n'advint que le principe de ces privilèges fut proclamé le prétexte de l'exploitation de l'haïtien par l'haïtien.

En fait cependant, cette velléité prit naissance dans quelques cerveaux, puisque nous en trouvons la réfutation dans un document officiel dont voici un passage :

Les difficultés qui se sont élevées en quelques endroits, relativement aux droits de patentes et à l'étendue des privilèges des patentes exigent les explications que je vais vous donner… L'art. 12 de la loi en question (loi du 28 juillet 1817) s'étant clairement expliqué pour ce qui est relatif aux consignataires étrangers, ils ne pourront absolument faire que la consignation, c.a.d. vendre les cargaisons qui leur seront consignées ou adressées, en se conformant à la loi du sénat du 11 avril 1811, an VIII, qui n'a pas été abrogée par aucune autre loi. Ils pourront acheter, pour faire le retour des bâtiments à leur consignation, des denrées, *soit d'habitants cultivateurs* ou autres commerçants nationaux : mais ils ne pourront pas acheter d'un autre consignataire, ni de qui que ce soit, soit des marchandises ou denrées pour faire des spéculations locales : ces privilèges sont réservés aux Haïtiens… *Spéculateurs en denrées* s'entendant de ceux qui, établis dans une ville ou bourg, spéculent ordinairement sur les denrées en les achetant des habitants cultivateurs, etc. pour les revendre ensuite. — (Dépêche d'Alex. Pétion Président d'Haïti aux Conseils des Notables, 20 janvier 1812).

Il n'y a donc pas à se méprendre ; même sous le régime d'un privilège légitime, il n'était pas entré dans l'esprit de nos plus anciens législateurs, d'ouvrir cette moderne carrière de la spéculation. Il n'y a eu qu'une faute commise, c'est d'avoir entrepris de séparer le commerce d'avec la spéculation, et d'établir deux catégories de patentes, opposées suivant le sens de la loi, mais s'identifiant par leur nature. Le commerce comporte deux termes nécessaires, vendre et acheter. — Embarras inextricable que celui où était plongé le législateur qui ne se reconnaissait pas le droit d'empêcher l'achat des cafés par le commerçant patenté, et qui en même temps ne voulait pas que ce commerçant fit de ses achats de cafés une spéculation !

Le droit de l'étranger, invinciblement lié à celui de l'agriculteur, fut posé de nouveau en 1822 dans une question incidente, et de nouveau sortit triomphant, malgré l'échec qui lui fut ménagé sur un autre point.

La loi s'oppose formellement à ce que les étrangers, établis consignataires dans les ports ouverts au commerce extérieur, aillent trafiquer ni acheter du café dans aucun autre endroit que dans le lieu où ils sont établis ; et cependant plusieurs autorités et fonctionnaires publics, dans plusieurs quartiers, tolèrent cette infraction qui fait un grand tort à l'industrie des nationaux… Cet abus doit cesser, etc. (Circulaire de Boyer, Président d'Haïti, 4 juin 1822).

Évidemment l'étranger ne peut pas plus acheter que vendre dans les lieux dont une raison de police lui interdit l'accès permanent, mais le droit qu'il a d'acheter des denrées est affirmé jusqu'alors dans des limites qui suffisent à mon sujet.

À mesure que la lave de notre volcan social se refroidissait, se montraient plus impérieux les besoins de l'homme libre. Pour les particuliers comme pour l'État, la situation nouvelle surgissait avec ses exigences. — Les bases économiques de la jeune société ne furent point posées. On créa des privilèges qui ne créèrent point le travail. Au vieil édifice colonial qui s'en allait, on mit des étais. Si nos devanciers tant bien que mal purent s'y abriter, il est visible que nous autres, nous menaçons d'y rester enseveli.

Les spéculateurs qui n'eurent pas d'autres industries, cédant à la pression de leurs besoins, firent bientôt tourner la loi des patentes contre ces jeunes gens, cloués à la terre, qui suaient déjà sang et eau pour porter, presqu'à eux seuls, tout le poids de notre édifice qui se dressait. En appuyant la pédale du privilège national, on put désormais fournir à des milliers de bouches la nourriture de chaque jour. Par l'addition des cinq lettres, que nous soulignons, furent ainsi effacés les généreux commentaires, qu'avait donnés de la loi le père de la spéculation patentée.

Art. 21. Les étrangers admis dans la République comme commerçants ne pourront faire leur commerce, ni être patentés, qu'en la *seule* qualité de négociants consignataires, dans les ports ouverts seulement, etc.

Art. 25. L'étranger, patenté comme consignataire dans les formes voulues par le précédent article, ne peut pas exercer une industrie autre que celle attachée à sa qualité de consignataire.

De ce moment, les spéculateurs entrèrent dans leur carrière pleine de délices, rançonnant leurs malheureux frères de la campagne, sans plus leur rendre aucun service appréciable.

La loi de 1819 est là pour attester que jusques alors le droit de vendre et d'acheter dans nos campagnes n'était point méconnu.

Elle dispose :

Les Boutiques que les habitants font établir chez eux ou sur leurs terres seront soumises au droit de patentes, puisque ces sortes de profession sont étrangères à l'agriculture (art. 19)

Sont réputées commissaires les personnes qui vendent pour autrui dans les rues, dans les campagnes et de commune en commune, des marchandises quelconques, sot par le petit ou le grand détail ; etc. (Art 24.) — Loi des Patentes du 26 février 1819.

On peut donc affirmer que la mémoire faisait défaut au chef de notre administration quand, pour reverdir l'arbre colonial qui tombait desséché, il s'avisa de tracer ces lignes :

Les règles de police sont… que l'on ne peut pas se borner à ne faire que des jardins de vivres, parce qu'il faut à l'État des denrées sur lesquelles se prélèvent des droits qui sont indispensables à sa postérité… Il (le commandant militaire) veillera encore à ce qu'il ne se fasse dans les campagnes aucun commerce de denrées excepté celui du sirop qui doit être converti en tafia ; les autres denrées doivent être portées dans les villes ou les bourgs pour y être achetées par les commerçants patentés à cet effet. Il fera supprimer toutes les boutiques qui sont établies sur les habitations en opposition avec la loi, parce que c'est dans les villes, où ceux qui payent patentes doivent les établir, et non dans la campagne où l'on doit s'occuper de la culture. (18 avril 1820, Instructions du Président d'Haïti aux Commandants d'Arrondissement.)

La loi invoquée ici n'est apparue en réalité, pour la première fois, que dans le code rural de 1826.

On a vu, au chapitre précédent, quelles furent les véritables causes de la décadence de notre agriculture. L'ordre social nouveau, du reste, avait ses exigences. La question était qu'on devait condenser toute notre activité dans les compartiments de l'industrie diversifiée. Avec des moyens de satisfaire ses besoins chaque citoyen eut répondu, en outre, aux exigences de l'État. Bien loin qu'on se pressa d'entrer dans cette voie de pure raison, on mit une sorte d'obstination héroïque à encaisser toute l'existence nationale dans la mystifiante formule : Haïti est essentiellement agricole.

Toutes nos villes se vouèrent à une complète passivité, dévorant ce qui leur était échu du patrimoine colonial. La production fut limitée, et décrut pour cette raison ; la loi sembla confisquer pour un bon tiers de la population la glorieuse peine du travail. Et la bataille qui se livre de nos jours, autours des places publiques et des trésors de l'État, est l'expiation du système qui fut suivi, autant qu'elle indique quelle fut la grandeur de la faute commise.

Entre la campagne et la ville on ne mit plus que le désert. Et successivement l'impôt, la rançon du spéculateur, la dime que s'attira chaque famille en s'attribuant le privilège du commerce en gros, en demi-gros, et en détail, furent les créneaux où s'enfermèrent les citadins. Les campagnards ne purent y pénétrer, on dirait, sans promener les traces de leur dépouillement. Et l'on s'étonne aujourd'hui de découvrir le destin qui a plaqué ses doigts horribles sur le front de la nation !

La loi, en confisquant la liberté du spéculateur, de cet intermédiaire utile, de ce moniteur né de nos campagnards, en a fait simplement un rentier, qui peut attendre, sans dépenser d'activité et de soins, les pieds croisés sur son perron, que les cultivateurs viennent lui verser, comme à un céleste personnage, les dons décrétés pour son existence.

La supérieure raison qui fut mise en avant pour empêcher d'introduire dans nos sections rurales l'ombre des opérations de vente et d'achat, c'est qu'il fallut ôter toute cause de distraction aux hommes dont la profession était de bécher la terre. Aussi bien on remarquera que la raison chez le maître et chez l'écolier était dans la même enfance.

Pour lors, l'intérêt moins aveugle de beaucoup de personnes les poussa à venir s'établir dans la zone rustico-urbaine, à s'interposer entre la ville et la campagne, afin de tirer avantage de leur commerce.

Mais de nouveaux motifs surgirent qui rembarrèrent cette espèce de logique :

Il est certain que c'est par ce canal (celui des spéculateurs en denrées) que s'écoule la fausse monnaie que des aventuriers étrangers apportent dans le pays, lesquels ne paraissent que comme commis ou agents auprès des haïtiennes qui exercent la spéculation en denrées. Il est facile à ces malveillants de faire circuler cet objet de leurs rapines, en envoyant des émissaires jusque sur les grands chemins, hors des villes, pour offrir aux cultivateurs d'acheter leurs cafés, lesquels reçoivent en paiement de faux billets de caisse, dont il leur est impossible de reconnaître la contrefaçon. Il devient donc urgent que vous fassiez connaître aux juges de paix des communes de votre ressort que des règlements de police doivent empêcher que les denrées soient aussi achetées hors des villes ; ce n'est que dans leur enceinte que ces transactions doivent avoir lieu. — lettre du Secrét. Gén. B. Inginac au Commissaire du gouvernement, aux Cayes, 21 octobre 1828.

Une délinéation rationnelle de la ville d'avec la campagne, au point de vue du commerce qui est propre à chacune, est chimérique. Nous n'en voulons pour preuve que les passages suivants, commentaires de la précédente lettre :

J'ai appris… que vous aviez donné des ordres pour faire retirer les balances des spéculateurs en denrées établis depuis longtemps sur la levée des Cayes, et qui, d'après la décision du gouvernement, a été considérée comme faubourg ou banlieue de la dite ville… J'étais bien loin d'entendre, comme toute personne judicieuse s'en convaincra facilement, par ces mots : *hors de la ville,* que les balances ne seraient plus montées dans les faubourgs ou banlieues d'Icelle : c'eût été alors ordonner d'un mot la suppression des dépendances de la ville, dépendances que l'on doit toujours considérer comme faisant partie de la ville. — 10 décembre 1928 — Dépêche du même au même.

Lorsque le gouvernement donna dans le temps, en vertu des anciennes lois ou règlements alors en vigueur, et qu'il les renouvela depuis la promulgation du code rural, pour empêcher que des marchands ou spéculateurs eussent la faculté d'exercer leur industrie hors des villes et des bourgs c'est-à-dire *dans les campagnes*, il ne lui vint jamais dans la pensée d'appliquer cette mesure prohibitive à ceux des marchands ou spéculateurs établis dans les *faubourgs* ou agrandissements des villes parce que… soumis aux mêmes charges comme aux mêmes règlements de police, ils doivent également jouir des mêmes avantages.

Bientôt la jalousie de métier aussi se mêla à la querelle. On agita à la tribune législative la question de faire payer une patente d'égale valeur à tous les spéculateurs, qu'ils exerçassent dans les villes de première, de deuxième ou, même de troisième classe. Alors Milescent, président de la chambre, dont l'opinion était sereine, comme elle pouvait l'être au temps poétique de notre nation, détend son carquois :

Les grandes villes procureront infiniment plus de ressources à l'État que les bourgs ; la civilisation y fait progrès sensible ; la police y règne avec ordre ; les ressorts du gouvernement y ont plus d'activité qu'ailleurs ; elles sont, en grand, l'image de la société : elles méritent certains égards. S'il est vrai de dire qu'elles sont l'avant-scène du théâtre de la République, on sentira que c'est là que les grands rôles se doivent jouer. Transporter leur commerce, et généralement tous leurs moyens dans l'intérieur, c'est substituer Constantinople à Rome, et provoquer la décadence de l'empire. Déjà, des sommets de nos montagnes et du fond de nos plaines l'attrait des jouissances a conduit dans nos cités une foule d'individus pleins de mollesse et de désirs des travaux qui pourraient lui assurer une existence honnête, n'est-il pas une calamité ? Ces oisifs subsistent, sans doute ; mais la morale n'est-elle pas offensée de leur changement d'état ? La corruption gagnerait bientôt dans nos campagnes, si nos bourgs pouvaient rivaliser avec nos villes ; car les mêmes causes amèneraient toujours les mêmes effets.

L'uniformité du droit qui nous est proposé, et que nous avons déjà adopté, a pour but de prévenir des abus, dont les moins considérables sont : 1° La fraude qui se commettait par les cultivateurs qui avaient la faculté de vendre partiellement les denrées, avant partage avec les propriétaires, et sans permis ; 2° l'accroissement excessif du nombre de ces soi-disant spéculateurs des grands chemins, vrais fléaux de leurs concitoyens établis stablement ; de ces suppôts à bas prix, à qui on fournissait des fonds qu'au fur et à mesure qu'ils pourraient s'attirer, à l'aide de toute sorte de moyens, quelque peu de denrées. » (1833)

En accumulant toutes ces preuves, j'ai seulement l'intention de porter le lecteur à se convaincre que, quels qu'aient été les motifs plus ou moins valables d'autrefois, à l'arrangement économique qui nous a été légué, nous y sommes à présents complètement étrangers ; et à se dire aussi que cet arrangement, devenu nuisible au bon ordre social, veut être enlevé au plus tôt du cadre de notre législation.

Après avoir ôté le spéculateur à la portée de ceux qui font nos denrées, l'avoir fait déguerpir des points intermédiaires qui rapprochaient la production de ses débouchés, la loi entreprit de donner du véritable territoire de la spéculation une définition curieuse :

Les Magasins ou soutes de spéculateurs en denrées du pays pourront être établis dans les ports ouverts, dans les villes où il y a une justice de paix ou un préposé d'administration, mais jamais isolement dans les campagnes, ni sur les habitations (loi de 1834) * * * sous peine de confiscation des marchandises ou denrées prises en contravention (loi de 1835, la première sur la Régie des impositions directes).

Ainsi le fait si simple, si primitif, de vendre, de céder, de troquer ce qui est à soi, pour se procurer d'un voisin ce qui nous manque, fut et est encore interdit à nos bons campagnards.

La restriction est confirmée dans ce dernier texte que nous tracerons pour finir :

Arrêté du 27 décembre 1838.

Considérant que si, jusqu'à ce jour, on a laissé subsister les magasins ou soutes de spéculateurs en denrées, qui avaient été établis avant promulgation de la susdite loi (du 7 juillet 1835 sur la Régie des impositions directes) dans des endroits autres que ceux qu'elle prescrit, cette tolérance ne saurait constituer un droit en faveur de ceux qui les ont formés ;

Considérant que non seulement, par suite de cette tolérance, les spéculateurs en denrées, légalement établis dans les ports ouverts, villes et bourgs, éprouvent un préjudice notable dans l'exercice de leur industrie, mais encore qu'en déplaçant la spéculation en denrée du siège qui lui est assigné par la loi, pour la transporter hors de toute surveillance, dans des lieux où il n'y aucune des Autorités ci-dessus dénommées, il en est résulté une foule d'abus qui ont donné lieu de favoriser la fraude des pesées au détriment du cultivateur, de frustrer l'État des droits de patente, et principalement de faciliter l'émission et la circulation de la fausse monnaie…

Art. 1er. À partir du 1er janvier 1837, les Conseils de notables ne recevront aucune déclaration pour spéculation en denrées, de ceux dont les magasins ou soutes ne seraient point établis dans l'enceinte des ports ouverts, villes et bourgs où il y a un juge de paix ou un préposé d'administration, etc.

En résumé donc, nous demandons que le million de piastres que la loi fait tomber dans les caveaux de la spéculation, retourne dans les sillons de l'agriculture d'où il sort injustement chaque année ; que si les planteurs de café doivent faire cette dépense, on leur laisse au moins la faculté de produire une valeur qui la couvre. Ce que les spéculateurs, réunis au fisc, enlèvent tous les douze mois à nos malheureux campagnards, ne représente pas moins de 2 millions ½ à 3 millions de piastres[32]. Et ce sont les victimes de nos erreurs et de nos injustices économiques qui, venant, chaque premier Mai, consacrer leur holocauste au pied des autels de la patrie, reçoivent sur leurs fronts nos couronnes d'étamines.

Nous dirons dans notre dernier chapitre, auquel nous avons hâte de toucher, quelles autres considérations militent en faveur du libre commerce des produits de notre sol.

---

[32] En dehors du bénéfice du spéculateur et de celui du négociant, il y a pour influencer et diminuer le prix offert sur nos marchés intérieurs pour les cafés, d'abord 15% environ de frais que coûte la denrée de la soute du spéculateur à sa vente parfaite sur les marchés étrangers ; puis les 100 francs ou 20 piastres qui grèvent les cafés, par 100 livres à leur entrée en France. Le consommateur français et le producteur haïtien souffrent de l'énormité de cette taxe. Notre diplomatie consulaire et la théorie du libre-échange entre peuples pourraient dans cette question s'éprouver.

Liberté du commerce intérieur

Droit de vendre en gros et en détail

dans les villes et dans les campagnes

Sans lois pénales, sans gendarmes, sans bâtons, sans épaulettes, sans inspecteurs militaires, comment régénérer notre agriculture ?

Il n'est pas d'esprit qui ne conçoive tout d'abord que la détresse sociale n'eût pas trouvé son écho dans nos montagnes, si les 50 à 60 millions de piastres qui ont été enlevés à ses habitants, depuis 71 ans, par l'impôt, et les 15 à 20 millions qui leur ont été également enlevés dans le même laps de temps par les spéculateurs légaux, s'étaient retrouvés dans leurs poches.

Il nous sied bien, par parenthèse, de nous plaindre continuellement de la paresse de nos gens de la campagne, quand ils auraient le droit, ceux-là, de poursuivre sur le recouvrement de l'indu que l'État a perçu durant trois quarts de siècle !

Si, pour toutes raisons, il convient que nous inscrivions ce lourd passif au compte des erreurs de générations qui nous ont précédés, il nous incombe plus le devoir d'enlever aux occasions fortuites le temps d'attiser les éléments de la calamité publique.

Faisons qu'à l'avenir le droit commun se rencontre au seuil de la cabane de l'homme des champs et demeurons convaincus qu'il n'en sortira jamais pour se montrer avec une pique à la main.

On sait maintenant quelles lois ont toujours présidé aux travaux de la culture, quels moyens, depuis Toussaint Louverture, ont suppléé à l'art agricole, aux instruments aratoires, et quelles idées ont triomphé pour rejeter les campagnards hors de l'évolution sociale.

Ce sont donc aujourd'hui ces idées, ces procédés, ces barrières, qu'il faut renverser, au nom d'un péril social imminent.

Il n'est pas difficile de concevoir ce rôle paternel d'un chef primitif, disant, comme au temps de la création : toi, tu seras général ; — toi, forgeron ; — toi, boulanger ; — toi, marchand de comestibles ; — toi, tu feras les vivres ; — et toi, tu planteras le café. Mais aujourd'hui que, de nos affaires, nous avons fait deux parts distinctes, l'une qui regarde l'autorité publique, et l'autre où ne souffrons qu'aucune ingérence s'interpose, il ne peut plus être question de tenir la vie privée des citoyens dans le primitif moule des héros de l'indépendance nationale.

Il faut que nos oreilles se familiarisent avec cette notion d'un contrat social : le citoyen, qui habite hors des murs de la ville, a le droit de déposer la houe pour ouvrir boutique, dans son enclos, à l'exemple de celui qui abandonne le commerce, pour se jeter dans la culture.

C'est par une déplorable routine, par l'inadvertance la plus impardonnable dans le maniement de la chose publique, que nous avons contribué à appliquer à une catégorie de citoyens nos codes ruraux, qui appartiennent à des époques écroulées, et dont tous les principes sont fossiles.

Jusqu'en 1820 nous ne trouvons pas de lois, pas d'indices, qui attestent l'existence de cette chose inouïe, de cette chose qu'on ne reconnaîtrait assurément pas dans le monde entier, et qui veut que nos agriculteurs ne trouvent pas à leur portée, sous la main, les objets dont ils font une consommation constante et considérable.

Le code de 1826, en consacrant l'interdiction du campagnard en matière commerciale, a produit pourtant cette chose bizarre.[33] Il est vrai qu'alors nos villes se ressentaient des contre-coups de la nouvelle économie publique qui s'établissait : les terres se distribuaient gratuitement, les propriétés privées étaient morcelées, et toutes les conséquences virtuelles de la liberté et de l'indépendance, que nous avions conquises, atterraient, pour ainsi dire, aux rives de la nouvelle société. Les souffrances étaient vives. L'intérêt aveugle.

Le pouvoir directeur de la nation ne vit que trouble, désordre, paresse, égoïsme et rapacité dans le courant qui emportait les hommes de la campagne vers l'ordre économique nouveau, différent de celui que l'esprit s'était habitué à contempler. Il entreprit de se jeter en travers. Le travail de la culture fut décrété et imposé.

De là toutes ces lois replâtrées, toutes ces vieilles armes fourbies, dont se sont servies nos administrations qui se sont succédé, en vue de discipliner le mouvement agricole et de le tenir de force dans le tracé colonial.

En 1876, il faut l'avouer tristement, nous sommes encore au même point. La loi de 1864, en vigueur de nos jours, n'a fait que répéter le code de 1826, en réglementant le travail des champs. Les pacotilleurs ont le droit, comme autrefois, de parcourir les sections rurales, sauf l'obligation nouvelle de se « conformer au règlement ». Ce règlement, on ne le connaît pas.

Un commentateur, un avocat, M. Saint-Armand, trouve qu'une telle loi est bonne, juste, en harmonie surtout « avec le droit de propriété et la liberté du commerce. » Et du règlement à faire, il dit : Son but sera « de protéger tout à la fois le commerce

---

[33] Art. 7. Aucune boutique en gros ou en détail ne pourra être établie, aucun commerce de denrées du pays ne pourra être fait dans les campagnes, sous quelque prétexte que ce soit.

Art. 8. Néanmoins, les pacotilleurs patentés ambulants, résidant et sortant des villes ou bourgs, pourront vendre des provisions, marchandises étrangères, quincaillerie, en parcourant la campagne.

des denrées et celui des marchandises, d'empêcher le monopole et de prémunir les habitants des campagnes contre les fraudes et les falsifications. »

Voilà donc tout ce qui reste d'inspiration du vieux code de Toussaint Louverture, de ce code admirable, tant qu'il fallait que citadins et campagnards confondissent leurs facultés dans un même dessein, et se laissassent mener par une seule main tels,

… Les milliers de fils, se plaçant à leur rang,

Répondent, comme un seul homme, aux doigts du tisserand.[34]

En attendant, nous continuons à décréter l'acte d'un vandalisme outré, qui autorise le gendarme à franchir le seuil de la propriété privée, pour venir briser le four rustique qui a servi à cuire le pain du ménage, et dont un reste a été vendu aux voisins.

Que recueillir des sentiments d'un homme qu'on a contraint à faire 10,20 lieues, pour trouver ce qui est nécessaire à son existence quotidienne, si ce n'est aigreur, rancunes et haine ? Comment appréciera-t-il une société qui fait un si étrange abus du pouvoir qu'on lui laisse pour le bien de la communauté ?

Il se peut que l'homme de la campagne ne définisse pas d'une façon exacte ses maux ; bien moins connaît-il les causes réelles d'où ces maux dérivent. Mais incontestablement, il sent son mal, et aspire à un sort meilleur.

Le droit, la liberté que nous confisquons, à son détriment, n'amènent pas simplement des effets qu'on pourrait appeler platoniques, ici ces effets sont immédiatement douloureux, et procèdent de l'ordre matériel le plus vital.

---

[34] Toussaint Louverture, par Satnartine.

Lorsque celui qui a fait du travail agricole la profession jusqu'ici forcée verra les portes du droit commun s'ouvrir pour lui, il optera pour la culture ou le métier de marchand; il fera mieux, il accumulera; il fera mieux, mieux encore, et à l'inverse de toutes les prévisions qui ont donné tant d'alarmes et le vertige à nos législateurs, il s'absorbera plus que jamais dans l'agriculture.

Il faut s'entendre.

600 mille êtres peuplent nos campagnes.

Se refusera-t-on à admettre que de ce nombre se détachent, en vieillards, infirmes, petites filles, femmes que les approches de l'enfantement gardent humainement au logis, et en ceux que leur aversion naturelle écarte invinciblement de la culture, en tout, 150 mille personnes dont les occupations jusqu'ici sont perdues pour elles-mêmes, la terre, et l'État ?

Dans l'ordre économique que nous appelons, tant d'existences jusque-là improductives, vouées par nos lois au néant le plus absolu, se dirigeront vers une branche de travail utile et verseront leur contingent dans l'avoir social.

La pléthore commerciale de nos villes de ce moment prendra fin; le trop plein se déversera dans nos campagnes.

Les marchands se grouperont; les villages seront fondés.

Autre chose sont ces intermédiaires usuraires factices, créés rentiers par la bienfaisance de nos codes; et autre chose doivent être les fonctions des indispensables auxiliaires de la production.

Le marchand, le spéculateur rend service, fait travail utile, quand il prend les charges, les soins, les peines des laboureurs en consommant la vente de leurs produits.

Défendre que des marchands s'établissent dans les campagnes, c'est une atteinte violente à la nature des choses et à l'ordre économique.

C'est presqu'une faveur qui m'est laissée de prendre la défense des essentielles lois du commerce.

Quand, en application de l'un de ces cas exceptionnels, indéniables, ressortissant de la nécessité, un de ces cas avoués par tous les savants doctrinaires, et confirmés par la pratique féconde, éloquente de tous les peuples, je vins demander le concours de la force sociale, pour aider, par une protection passagère, à faire naître les genres de travail que le peuple ne connaît pas, auxquels ni son esprit ni sa main ne se sont façonnés, desquels on l'avait toujours même détourné systématiquement, je vis, à ma grande stupéfaction, dresser devant moi, comme un rempart que je voulais renverser, la théorie du libre-échange.

Curieux abus de mots! — Nous sommes, dit-on, un peuple essentiellement agricole, et il ne faut pas nous départir de saines lois du commerce libre…

Mes lecteurs savent au moins, à présent, ce que les avocats mal inspirés de nos campagnes et les libre-échangistes haïtiens veulent d'agriculture et de liberté commerciale.

Il est, dans le métier de marchand, la condition d'aller, de venir, de tenir les grands chemins, de s'agglomérer, d'élire domicile au village, d'ouvrir boutiques, de construire des halles, où sont gardés les fruits de la terre, portés là pour la vente ou pour le dépôt.

Ces centres de la population rurale, s'imprégnant des idées et des mœurs de gens qui sont en contact habituel et plus direct avec l'esprit des villes, finissent par devenir des foyers civilisés lesquels, à leur tour, s'épanchent, et portent le flux des lumières et de la moralité à 2 et 3 lieues à la ronde.

De soi le village, cet indispensable facteur de la production allait prendre naissance chez nous, quand un code rural fatal en tua le germe.

« À l'avenir, aucune case ne pourra être bâtie dans les campagnes, là où il n'y aura pas de bourgades reconnues, si elle n'est dépendante d'un établissement rural. »

La bourgade, c'est le port militaire déterminé par les besoins de la stratégie, sans préoccupation des nécessités de l'échange.

Aux termes de la loi, les citoyens absorbés dans les travaux des champs ne doivent ni faire le commerce, ni le voir établi autour d'eux, si ce n'est à 5 et 10 lieues de distance.

Nous n'exagérions rien, en disant que la moitié de notre population rurale est forcée chaque semaine de se déplacer sur toute la surface du pays. C'est 300 mille femmes et hommes que les besoins de vendre et d'acheter lancent sur les grandes routes et conduisent jusque dans nos bourgs et villes.

L'existence de chaque personne dans nos campagnes peut relever, à ce que nous avons vu, d'une force productive moyenne, estimée à 20 centimes par journée.

Or, les préparatifs de départ de ces 300 milles individus, le temps de la marche pour aller et le retour, celui des opérations, celui du repos après la course, absorbent communément trois jours francs.

La perte résultante par journée est donc de P. 60 000, et pour les trois jours, de P. 180 000, soit durant 52 semaines ou l'année, de P. 9 360 000.[35]

----

[35] Pendant longtemps, nos administrations, considérant le nombre de jours perdus pour le travail, se refusèrent à consacrer le Dimanche par l'abolition du marché. La loi morale a triomphé néanmoins ; et cela ne fait que rendre plus pressante la revendication du droit économique.

9 à 10 millions de piastres, tel est ce chiffre que les intermédiaires marchands ou spéculateurs ont le droit, comme dans tous les pays, de disputer et de se partager en partie. Pour cela, ayons l'intelligence de ne pas rendre nos agriculteurs des voyageurs perpétuels.

Lorsque les Américains, sur le conseil que leur donna Franklin, dans *La Science du Bonhomme Richard*, eurent abandonné l'usage, qu'ils avaient importé d'Europe, de se lever tard et de se coucher tard, ils économisèrent toute une richesse, en utilisant la clarté du soleil, et en supprimant les frais de luminaires.

On conçoit quels rapports nouveaux existeront entre tous les citoyens d'Haïti, dès lors que nos campagnes seront dans l'allégresse, et que leurs flots d'or se répandront sur nos cités. Nos codes ruraux, en s'armant contre cette surproduction ont nui à la fusion des cœurs autant qu'à l'intérêt public. Nos intéressantes familles des villes, étrangères à la façon dont sont menées les choses de la politique, sont bien loin de s'expliquer les causes de leurs tourmentes périodiques. — Elles écoutent des bruits qu'on fait autour des noms propres, attribuant à ces noms les motifs qui déterminent les soubresauts de l'État, comme si toute l'agitation des roseaux eut pu déplacer le monde !

La vérité est que notre État n'a jamais été définitivement assis ; il attend encore les bases de son affermissement.

On a répété à satiété que l'haïtien est de sa nature bon, généreux, humain ; jamais être de la création, il semblerait, n'a été rencontré plus accessible à toutes les affections de l'âme ? — D'où vient donc que tant de cadavres ont été couchés dans le lit de nos guerres civiles ?

Avant Acaau, il y eu Goman[36] ; après lui, a paru Siffra.

C'est que, comme au temps plus reculé de Mac-Andal, les vices de l'État engendrèrent ces êtres fléaux dont le passage dans notre milieu, en assouvissant les passions, ramène la sérénité sur l'horizon déchargé. Quitte pour cet horizon à se rembrunir sous l'influence des mêmes principes permanents.

L'habitant de la ville, en contournant 3 à 4 îlets, en 5 à 6 minutes de temps, rencontre le marché, la boutique ou le magasin, où il peut faire des emplettes quotidiennes ou hebdomadaires. Le campagnard, lui, a à parcourir non seulement les distances naturelles que comporte la surface des champs ; mais il se heurte à des obstacles factices qui le font rebondir à 3 ou 4 journées de sa maison.

Pour les gens qui habitent nos frontières, comme ceux du quartier des Grands-Bois, soit qu'ils veuillent aller au chef-lieu de l'arrondissement, au Mirebalais, soit qu'ils préfèrent entrer une bonne fois à la capitale, ils n'ont pas moins de 30 lieues à dévorer pour venir et s'en retourner. Oui, 30 lieues de marche pour aller à la provision, et à l'ordinaire pédestrement, sur des voies abruptes, un fardeau sur la tête !

De telles courses, il est vrai, ne peuvent pas se renouveler à huitaine fixe ; les membres de la famille, dans ce cas, se relaient de telle sorte, qu'on peut maintenir notre précédente affirmation, que la moitié du peuple de la campagne se déploie

---

[36] Il est bon de vous observer, mon cher général, que dans la partie où vous allez figurer le système de culture a toujours été conduit sur un autre principe qu'elle est dans cette partie-ci. *Les cultivateurs n'ayant jamais considérés comme des citoyens actifs de la République, ils ont toujours été traités avec rigueur, avec plus ou moins d'injustice. Cet état d'abjection, ce système mal entendu, est une des principales causes de l'insurrection qui dévore une partie.* Dans toutes vos tournées vous verrez les cultivateurs ; il faut les voir, leur parler, il faut leur dire qu'ils…

chaque semaine et flotte sur nos grandes routes, sans profit pour personne.

Les montagnes de La Selle, le Trou Coucou, envoient leurs caravanes, à travers les casse-cous de leurs chemins spiraux, chercher également l'existence de la semaine.

Ce vice radical de l'organisation économique de nos campagnes a été senti. Mais on lui a tourné le dos ; et le cri de tant de misères privées a été étouffé sous le bruit de la votation des codes ruraux.

On lit :

Ce quartier (Laselle), qui est un des plus éloignés du chef-lieu d'arrondissement, a été longtemps privé d'un chef immédiat ; souvent c'était le vieillard le plus respectable qui décidait des contestations et rétablissait l'ordre… L'éloignement des lieux, le peu de fréquentation des villes ou des bourgs, ont beaucoup contribué à entretenir cette foule de pratiques superstitieuses et idolâtres qui ont présidé longtemps à leurs réunions et à leurs fêtes. — Général Lerebours, Rapport au Président d'Haïti sur la culture en 1834.

On lit :

On nous assure que le Gouvernement a des notes du plus haut intérêt sur la manière dont sont installées des caféteries en pleine postérité à la Jamaïque. Son intention serait d'établir des ferme-écoles dans l'intérieur du pays, de manière à former par ces établissements des groupes où la culture du café serait pratiquée avec tous ses perfectionnements. Nous attendons beaucoup de ces expériences, et le côté le plus séduisant pour nous est dans l'influence que la civilisation doit puiser dans cette diffusion des lumières, parmi des masses abandonnées à 10 et 20 lieues de tout point central. (Journal *Le Travail*, 1860.)

Ce que constatait le général Lerebours, n'est-ce pas ce qu'ont voulu nos lois, quand elles ont prescrit de donner la chasse aux campagnards qui attardent seulement dans nos villes ?

Et je le demande, de quelle influence sérieuse, peut être la meilleure façon de cultiver le café sur des gens énervés, épuisés par la pire condition qu'on leur fait de tenir la houe et le grand chemin ?

S'il était question d'abréger réellement les souffrances de ceux-là, que n'a-t-on vu, dans l'exemple de la Jamaïque, une raison pour abaisser tout au moins l'impôt sur nos cafés ? À la Jamaïque les cafés ne sont taxés que de 25 centimes par 100 livres. Ils sont achetés sur les lieux mêmes de la production, et leur port d'embarquement est toujours le plus voisin. Il n'y a pas de ports fermés à l'exportation dans ce pays.

Dans notre économie rurale, tout est agencé, on dirait, pour le facile escamotage des fruits du labeur d'autrui. L'usage qui est appuyé de la loi, de laquelle il dérive sans doute, ouvre nos foires ou marché du vendredi au samedi. Les provisions, étalées sur le sol, sans abri, au soleil, appellent les acheteurs. Que faire des quantités invendues, après que le temps réglementaire du marché s'est écoulé ? — Il y a là un premier mécompte pour les hommes et les femmes que catéchisent fort les chefs militaires, à propos de leur application au travail. Ces hommes et ces femmes se voient obligés, à la dernière heure, de lâcher la main, c'est-à-dire, de sacrifier leurs produits. — La pluie, qui tombe, contrarie-t-elle l'affluence de ceux qui viennent à l'approvisionnement ? Même conséquence. Y a-t-il par hasard abondance d'un même produit ? Son prix est avili. Il arrive quelquefois que des fruits pavent le sol, et restent pour la pâture des bêtes.

Il y a pour causer ces inconséquences économiques, d'abord la distance qui sépare la maison du laboureur du marché, où on le force à porter ses produits, puis ses besoins. Qu'on porte la charge pour venir soi ou sa bête, l'allègement s'impose pour le retour ; la fatigue excéderait l'une ou l'autre force, au cas où l'on voudrait rapporter ses denrées. Il faut encore vendre pour faire servir l'argent de la vente à se procurer, durant le même marché, le nécessaire qu'on n'a pas.

Un propriétaire de cafés, qui vient pour entrer en ville, commence par détacher un limier qui a soin de fureter les prix. Le spéculateur, dans la fièvre d'avoir la préférence, finit par lâcher son offre. Hélas ! Depuis la veille, le prix était fait et communiqué, comme sur un bulletin de la Bourse. Il est partout le même. Généralement le spéculateur achète pour compte d'une maison de commerce qui lui fait l'avance des capitaux. Le marché aux cafés se trouve en fait, régi par l'intérêt des négociants. Mais le spéculateur a sa part, son bénéfice, son courtage ou sa commission, comme on voudra, qu'il se charge de prélever *ad libitum* sur le producteur. Force est alors au maître de la denrée de la livrer au prix du marché qu'il subit.

Le café est de sa nature matière à grande spéculation ; une lettre reçue, une fausse nouvelle, une ruse de l'agiotage, en fait changer la valeur. Vendu en baisse le vendredi et le samedi, il hausse le lundi. La production n'a ni le droit ni le loisir d'observer le marché, d'en suivre les variations et d'opérer sa vente au moment qui convient le mieux à ses intérêts. En cela, notre législation se met dans une infériorité complète et consciente par rapport aux autres citoyens.

Les travaux des villes et ceux des champs peuvent être dissemblables sans cesser de se couvrir du même égide social. Et si les centres urbains et les centres ruraux procèdent d'une organisation différente, il n'est pas moins essentiel de donner aux uns et aux autres pour fondement la justice.

Quand le laboureur aura dans le village son débouché et son lieu d'approvisionnement, il sera maître de son temps et de ses produits. C'est accoudé sur sa bêche qu'il traitera les plus souvent des plus importantes affaires avec le villageois, spéculateur, marchand ou voyageur, qui se présentera dans ses champs pour acheter de lui. Deux ou trois heures au plus lui suffiront pour aller au centre du district et en revenir. Il s'y transportera soit pour acheter, soit pour faire offre de ses produits sur échantillons, soit pour emmagasiner de simples dépôts. Il aura la ressource au besoin de rentrer dans ses propres greniers la denrée qu'il ne voudra pas livrer à vil prix. Il ne viendra dans la ville que par fantaisie, ou parce qu'il y sera amené par un intérêt aussi rare qu'exceptionnel. Ce sera à la casse revendeuse alors à venir s'approvisionner dans le grand marché du district. Aujourd'hui elle ne se déplace pas; elle se borne à faire concurrence à ceux de qui elle achète.

Le marchand qui prend le produit à la campagne, qui le transporte en ville, qui consacre son temps à le débiter, fait œuvre et mérite salaire. Il peut exercer son industrie dans ces conditions normales; s'il a domicile au village, il aura là sa boutique dont les opérations ne seront pas suspendues, parce qu'il sera allé à la ville. Son absence pourra durer le temps exigé pour ses ventes. Qui ne trouvera pas son profit dans un tel retour à l'ordre et à la justice?

Le décret de 1843, sur la division du territoire, disait, dans son article 7, que nos sections rurales de 3000 âmes pourraient êtres érigées en communes. Cette disposition est morte sitôt qu'éclose. Mais sans s'attacher à ce qu'elles comportent d'essentiellement politique, ne peut-on pas regretter ce qu'elle devait amener de réellement doux et bienfaisant dans le régime économique des citoyens de la campagne? C'est le moins que des groupes d'êtres, qui ne demandent pas à exercer leurs droits publics, aient leurs intérêts protégés par des lois préexistantes à l'État politique.[37]

---

[37] Aux termes du décret de 1843, et d'après le tableau ci-dessous, les 10 à 11 mille habitants que l'on comptait dans l'arrondissement de St. Marc, occupant une étendue de 5 à 6 mille carreaux de terre prouvée par

Il y a plus que du ridicule dans le fait de porter défense aux haïtiens qui habitent les sections rurales de recéler parmi eux des ouvriers divers, tels que maçons, tailleurs, cordonniers, charpentiers et autres. La bonne plaisanterie que de permettre le débit du sirop et du cochon, puis de défendre le commerce de la morue et des huiles d'olive! … Comment! voici des personnes qui partent d'un même lieu, portant dans leurs ballots ou dans leurs sacs en paille des produits différents, qu'il leur est interdit de montrer, et qui devront arriver à 15 lieues au-delà de leurs portes, avant de pouvoir faire entr'elles des échanges! Les campagnards ne peuvent pas acheter des campagnes sur d'autres marchés que ceux des villes. On tolère le boucher où l'on ne veut pas voir le boulanger! On octroie droit de circulation aux pacotilleurs, quand on prétend démolir les étagères sur lesquelles sera trouvée la quincaillerie! Veut-on du médecin? Oui; de l'apothicaire? Non! Le forgeron est demandé, et le ferblantier est chassé! Est-ce sérieux? Est-ce tolérable?

La préoccupation de soustraire nos laboureurs au contact réputé pernicieux du commerce jeta parfois l'esprit dans de

---

les cultures, donnaient droit à l'érection de 3 communes, à la création de 3 commandants de place, 3 préposés d'administration, 3 députés, 3 juges de paix. La revendication d'aujourd'hui porte sur le droit privé des citoyens exclusivement :

CULTURE DANS L'ARRONDISSEMENT DE SAINT-MARC EN 1833
Superficie de terre cultivée par quantité de carreaux.

Communes	Nombre de cultivateurs	En Café	En Cannes	En Coton	En Tabac	En Riz	En Maïs	En Petit-mil	En Bananes	En Manioc	En Ignames ou tayaux.
Saint-Marc	3170	530 ¾	189 ½	¼	27 5/8	30 ½	1 ¼	3 ¼	114 1/3	7½	3 1 9
Petite-	5399	875 1/8	1858 1/8	¾	195 7/8	29 3/8	11 3/8	15 7/8	10 ¾	192 ¼	–
Rivière	1937	318 3/8	625	¼	63 ½	92 ¼	" "	" "'	14 ¾	" "	24
Les Verrettes											2 ¼
	10,506	127 1/4	299 3/8	1 ¼	287	152 1/8	12 5/8	19 1/8	139 ¾	199 ¾	"
											6
											1-24

(Relevé du général Bonnet).

drôles perplexités. Nous lisons dans le Temps, no du 18 août 1842 :

Il existe, sur les habitations caféyères une pratique qui est fort nuisible aux intérêts des propriétaires, et qui entretient les cultivateurs dans des idées contraires à la bonne foi qu'ils devraient mettre entre eux et les propriétaires, surtout lorsqu'on considère qu'ils ont d'ailleurs tant d'autres avantages dont ils profitent, c'est l'habitude de vendre du café par petites portions de 1, 2, 4, 5 livres, plus ou moins, et de trouver par là quelques gourdins pour s'acheter des salaisons et autres menus besoins ; cette habitude influe grandement sur la production des vivres et légumes : le cultivateur en ferait davantage, s'il ne trouvait pas la facilité à se procurer, comme nous venons de le dire, ses petits besoins de chaque jour par la vente successive du café… Mais il faudrait combiner les mesures à prendre avec le droit qu'a naturellement tout propriétaire de vendre son café ou tout autre produit par petites portions, si ses besoins l'y contraignent ; … il serait juste aussi de frapper sur ceux qui seraient reconnus être dans l'habitude de favoriser ce manque de loyauté que nous n'appellerons pas vol, parce qu'il est évident que le cultivateur a une portion dans ce qu'il vend, quoiqu'à l'insu du propriétaire. (Le Temps, 18 août 1842).

Que voulait pour nous Polvérel du moment que nous nous étions émancipés sous sa main ? Dans sa proclamation, dit B. Ardouin,

« Il voulait que l'étendue des deux provinces de l'Ouest et du Sud fut divisée en *sections rurales* : celles des plaines devaient avoir 4 lieues de diamètre, celles dans les mornes, 8 lieues de diamètre. Chaque section aurait eu un juge de paix, deux assesseurs et un greffier, formant le tribunal civil de paix. »

Il n'en fallait pas davantage pour faire surgir le village et la commune civile. Mais si de pareilles idées ont été éclipsées à l'apparition du commandeur militaire, du bâton tricolore, nous le devons à ce destin mystérieux, dont le sens a été consacré dans cette historique formule : au premier coup de canon d'alarme, les villes disparaissent et la nation est debout.

Il était pour nous, comme pour toute la race humaine, une terre promise. Il ne devait pas coûter à l'épée de l'immortel esclave de Bréda d'éteindre des vies, des droits, des libertés, pour nous y faire entrer de force. Maintenant que nous y sommes, oublions saintement ces moyens de nos géants qui luttaient dans le chaos, et empressons-nous de soumettre notre vie aux règles des peuples qui n'ont besoin que de se civiliser.

Que firent par exemple, les États-Unis dans leur commencement ? Leur législation ne sépara pas ces trois branches du travail national : le commerce, l'agriculture et l'industrie. «Ce qui me frappe le plus aux États-Unis, écrit M. Tocqueville, ce n'est pas la grandeur extraordinaire de quelques entreprises industrielles, c'est la multitude innombrable des petites entreprises. Presque tous les agriculteurs des États-Unis ont joint quelque commerce à l'agriculture ; la plupart ont fait de l'agriculture un commerce.»

Les campagnes américaines sont florissantes. Là, l'unité territoriale est dite *township*, divisé en 36 sections, subdivisées en quarts, huitièmes et seizièmes, dont voici les contenances :

	Milles		acres (40 ares, 4 671)	Hectares
	Côté.	Surface		
District ou *township*	6	36	23 040	9 223
Divisé en 36 sections, chacune de			640	257
Divisé en quatre quarts chacun de			160	65
Divisé en ½ quarts ou 8e de section de			80	32
Divisé en ¼ quarts ou 16e de section de			40	16

Sur un des 36 lots de chaque *township*, le plus central, celui dont la propriété a été attribuée aux écoles, qui le revendent en détail, se groupe le village, séjour des commerçants et des artisans, qui s'y établissent aussi à leur gré le long des alignements tracés par l'autorité. Leurs boutiques et comptoirs s'y trouvent entremêlés aux écoles, églises, prétoires, halles et marchés, et autres services, qui rapprochent les citoyens aussi légitimement que l'économie rurale les disperse dans la campagne. (Jules Duval)

La dernière pensée de cette organisation est rapportée dans le livre de M. Bigelow, Consul des États-Unis à Paris :

Conformément aux prescriptions de la loi, deux sections (1 280 acres) sont réservées sur chaque circonscription pour être vendues, et le produit consacré à l'établissement d'écoles gratuites, afin que le progrès moral et intellectuel du pays puisse accompagner son développement physique. A. 26

Les distances à parcourir pour arriver au centre du district américain sont moins longues que celles que se proposait d'adopter Polvérel. Elles comportent, pour l'aller et le retour, en partant des points extrêmes :

La plus longue course	4 lieues ¼
La courses à la ronde	2 lieues $^{1/8}$
La moyenne de la course intermédiaire	1 lieue ¾

Il manquerait certainement aux Haïtiens, ainsi modelé sur le peuple des États-Unis, l'instruction que ne procure pas la simple imitation. Mais elle ne se ferait plus attendre, l'intérêt de tous la sollicitant désormais.

Les gens de nos villes qui se transporteraient dans l'intérieur, allant acheter et vendre, finiraient par s'y fixer. Ils y élèveraient des demeures; le besoin de l'étalage des marchandises et d'emmagasinage des denrées les obligerait à faire autre chose que clisser les bamboux et en combler les interstices avec du fumier.

Rivés désormais à nos intérêts, les hommes du dehors apprendraient enfin à connaître la valeur de ces mots sacrés : le droit de propriété. Étant également par eux-mêmes ou par des membres de leurs familles, marchands ou commis, tous les biens, toutes les manifestations de la richesse leur paraîtraient soumis au même respect. On n'entendrait pas mettre à l'ordre du jour de la campagne la disparation par la torche des greniers des campagnards. Avec quels soins, dans nos désordres intestins, sont épargnées les usines de nos habitations ! C'est que les travailleurs sur ces habitations en connaissent tous les avantages ; ils savent tous les préjudices qu'ils éprouveraient à décréter leur disparition. Au contraire, avec quelle barbare volupté ne font-ils pas flamber la case, cet antique reste de notre propriété princière !

Nos lois ont créé les districts, puis se sont arrêtés là. Mais comment les voir, ces districts, si on ne trouve pas leurs centres, ces foyers des intérêts convergents ? Lorsque les villages existeront, les citadins prêteront l'oreille au récit des charmes de la campagne, à la mélodie champêtre de nos flûtes officielles. Ceux qui végètent dans les villes pourront y trouver l'aisance et les commodités de la vie.

Les cultivateurs viendront au village le soir, et à leurs heures perdues. Des questions de vendre et d'acheter chaque jour mettront plus étroitement les hommes en rapport avec eux. La façon de converser des uns, leur manière d'être au village, la simplification de leurs procédés dans les moindres opérations, éclaireront les autres. L'homme chez qui la loi ne permet pas de trouver une balance, en connaîtra l'usage par l'usage ; il n'aura plus besoin de recourir aux cailloux pour ajouter au poids de ses produits, compensant ainsi d'avance les folles pesées de ceux qui le trompent. — L'art de calculer naîtra des opérations de la boutique. Savoir lire et écrire sera gouté et demandé ; car on tend toujours à s'égaliser avec ceux dont le contact s'impose. Le commerce plus prospère d'une personne, venue de la ville, excitera une jalouse émulation ; bientôt toute grande différence s'effacera dans la physionomie, dans le ton, dans la mode, dans la coutume des populations des villes et des campagnes ; les fêtes villageoises disputeront au vaudoux l'empire de son territoire.

Groupés dans un même centre, les citoyens propriétaires ou marchands n'auront plus à redouter le péril actuel de l'isolement. Leur influence étendue sur l'esprit des gens jusqu'alors livrés sans contrôle à la divagation de leur imagination, et leur force concentrée, seront deux moyens efficaces et nouveaux qui leur assureront la sécurité, en attendant que les intérêts réciproques aient grandi jusqu'à exercer leur domination.

Les bons agriculteurs se reposeront à l'ombre de la même protection, plus solide que celle des gendarmes. Citadins et campagnards ne feront qu'un ; leur ligne de démarcation, leur haine disparaîtront dans cet océan d'intérêts communs.

La triste façon dont les choses ont toujours été arrangées dans nos campagnes en a fait des lieux épouvantables. Plutôt que d'avoir à les habiter, bon nombre ont laissé leurs propriétés aller à l'abandon. Les institutions, que nous avons voulu y placer, n'ont jamais pu se trouver.

Le groupe des marchands entraînera avec lui le pharmacien, le médecin, le juge de paix, l'avocat.

En ce moment, il y aura des citoyens qui pourront accepter le modeste salaire offert par l'État, et qui iront s'établir maîtres d'écoles dans nos centres ruraux ; ils suppléeront à l'insuffisance de leurs émoluments par leur commerce, une boutique dont ils laisseront la surveillance à leur famille. Ils ne diront plus en ces temps-là qu'on veut les égarer dans le désert, qu'on veut les abrutir.

Les juges de paix suivront la même voie. Ils ne seront pas à l'instar de ces juges ruraux créés en 1846, qui ne se différenciaient des officiers et des gardes champêtres que par leur nom qui était nouveau. Ces hommes d'un autre temps, sortis des villes, élevés au-dessus des commérages de l'ignorance et de la crainte des sortilèges, se feront les véritables missionnaires de paix et de concorde ; ils pénétreront nos masses jusqu'à susciter leurs morales actions, jusqu'à dégager de l'écorce humaine la conscience qui n'en est jamais bannie.

Voyez. En 1846, ces juges de paix ruraux, qu'on greffa sur l'organisation anarchique de nos campagnes, furent regardés comme le dernier sceau mis à la démarcation violente des citadins et campagnards. Pourquoi ? Parce qu'on s'était borné à remplacer le shako de l'insupportable gendarme par la toque du juge. Nous avons été frappés de lire dans une lettre privée écrite vers ces époques, cette impression forte et juste, que nous demandons à nos lecteurs la permission de leur servir dans toute la fraîcheur de la diction :

« … Dit le grand Voltaire ! Chaque pays a ses lois qu'il tienne de sa nature ou qu'il change à son choix. Les Secrétaires d'État… qui ont imité les lois françaises pour établir des juges de paix à la campagne sont des imb…. auprès d'Alexandre Pétion, de Boyer, du grand juge Voltaire et du Secrétaire général Balthazar Inginac qui ont conduit nos affaires politiques pendant 37 ans… tant dans leur expérience que connaissance moraux… Il y a encore pis, les crimes restent impunis, engage à tous ceux qu'il la commette, d'avoir recours auprès de celui qu'il croit d'obtenir son pardon… de manière que tous les crimes de la campagne seront portés par devant les juges de paix… c'est déranger… séparer absolument une partie des habitants de la campagne avec les autorités de la ville… c'est donc produire deux justices dans le pays… »

Ce dont on se plaignait, en un mot, c'est que les campagnards fussent confinés dans leur désert, soustraits même à la juridiction sociale.

Mais qu'au lieu de ces soldats, déguisés sous la culotte du juge, qui reviennent pour appliquer le code rural, on montre à nos campagnes ces sincères interprètes du code civil, ces officiers qui peuvent appliquer le code commun des délits et des peines, oh ! N'en doutons pas, ils seront bénis, ceux-là.

Le lit de justice que nous sommes accoutumés à voir s'ouvrir sous un arbre, cette audience où préside le bâton, où plaide le gendarme, où l'ignorance souvent la plus agreste rend son imperturbable verdict, est-ce la justice qu'on peut, qu'on doit aimer ? A-t-elle le pouvoir de remplacer le sanctuaire dont la solennité seule est frissonnante, où la main du juge, s'arrêtant comme une aiguille sur un texte de la loi, fait tinter davantage dans la conscience de l'homme le cri de l'innocence ou du remords ?

La justice qui sera rendue à la campagne dans l'appareil de l'audience, après la recherche consciencieuse et patiente des preuves, cette justice qui découvrira la vérité qu'on a cachée, qui adjugera le châtiment qu'on fuyait, marquera son triomphe sur l'esprit de ceux qui s'étaient habitués à s'armer d'audace, en présence de supérieurs au moins aussi ignorants qu'eux. Quand quelqu'un a été frappé ou qu'il a été absout, en vertu d'un texte de loi qui lui a été lu dans un silence religieux, il en garde la mémoire.

Dans cette salle du village où siégera le juge, entrera aussi l'œil de l'opinion publique, ce premier souverain des débats. Notre justice rurale n'aura plus les ténèbres de nos bois pour protéger les forfaits.

Les crimes toujours punis, l'innocence toujours proclamée, les conclusions prises sans considération des personnes, des sentences en formes, voilà quel spectacle répété doit servir à l'éducation morale des masses et à la paix sociale.

Quand le droit peut être bafoué ; la justice être capricieuse, une raison évidente, qui s'exprime être arguée d'insolence ou de manquement envers l'autorité, tous les sentiments haineux s'emparent du cœur de l'homme. Alors des jours sont assignés à la vengeance.

L'élan naturel de l'humanité généreuse viendra d'abord, sans être appelé, au secours des justiciables de la salle de paix. Le marchand, attiré dans le village, se fera l'avocat d'office de ceux dont il est le client et de ceux auprès desquels il désirera se recommander. Bientôt la renommée des bonnes défenses fera recherche des défenseurs à prix d'argent. L'utilité de l'instruction et ses prérogatives seront dès lors appréciées de plus en plus.

Devenus les conseillers et les amis des citoyens de la campagne, les juges de paix, les fondés de pouvoirs, les maîtres d'écoles, exerceront, pour la fusion des caractères, une salutaire influence.

Turgot, en parlant du triste état où étaient de son temps les habitants des campagnes de France et des vexations multiples, qui les poursuivaient, a remarqué que « les habitants des villes, étant plus riches et plus près du gouvernement, ayant plus d'instruction et de crédit, formant par leur réunion une masse plus imposante que ceux des campagnes, quoique ces derniers soient du double plus nombreux, ont pu se soustraire à une grande partie des injures et des mauvais traitements que les cultivateurs ont eu et ont encore à subir. » Le célèbre ministre désirait que des habitants des villes se transplantassent dans les campagnes ; ce ne serait pas un mal, ajoutait-il, « car alors la consommation serait plus près de la production. »

Nous n'avons pas nous-mêmes que des goûts et que des intérêts à faire naître. Nous avons à renverser des barrières qui font violence à la marche d'un peuple.

Plantés dans les milieux qui ont été purgés de l'influence des lumières, nos gens de la campagne se sont livrés à ceux d'entr'eux-mêmes qui passent pour connaître le plus de choses, c'est-à-dire, pour faire plus de maléfices. Et ceux-ci ne sont tant dangereux que lorsqu'ils exercent l'empire de leur influence sur ce monde d'ignorants. Les crimes et les bêtises de la campagne sont donc imputables à nos lois et à leurs organes. Où est le médecin pour disputer au Caprelata sa vogue ? Où est le notable, où est le magistrat rural, cet homme honnête, influent, estimé, auquel les parties s'en remettent toujours volontiers pour les repartages avant dire de la loi ? — où est l'écrivain de la section qui pénètre les cœurs, en recevant les dépôts des secrets ? Qui viendra dans la cabane du laboureur recueillir l'impression de sa dernière volonté ? — Suivant quelle coutume se partagent les successions ? Le mineur retrouve-t-il sa part au jour de la majorité ? Hélas ! Tout n'est que questions dans ces régions de l'État, où habitent cependant les trois cinquièmes de notre population.

Quand les campagnes ne seront que les prolongements naturels de la ville, toutes ces questions se résoudront d'elles-mêmes, car il sera impossible d'empêcher que la lumière s'étende et fasse ses légitimes conquêtes.

Du même droit qu'on va aux Bas de la Côte, pour vendre, trafiquer durant des mois ; en partant d'une ville quelconque de la République, on doit pouvoir se transporter dans nos montagnes pour faire librement son commerce.

Les caravanes qui traverseront nos routes publiques se plaindront de l'état de ces routes. Et il faudra bien qu'on les répare et qu'on les entretienne de ce moment. On ne verra pas ces nouveaux voyageurs renifler leurs souliers dans un pieu et faire comme les autres la glissade sur nos chemins ; on ne le verra pas non plus passer la chemise par-dessus la tête, après avoir quitté le pantalon, et traverser nos rivières à la nage. L'impôt sera ramené à sa destination rigoureuse.

À côté des marchands établis à la campagne avec leurs familles, viendront se fixer d'autres marchands qui inclineront pour la culture… Chaque boutique qui n'absorbera qu'une personne laissera les autres au loisir de leurs jardins. Ainsi l'utilité et l'agrément s'accoupleront. Et c'est de cette pépinière de gens que sortiront les précepteurs de notre agriculture. Les réformes agronomiques seront étudiées par des gens éclairés qui uniront la pratique à la théorie. On n'aura pas besoin de suspendre nos espérances à la ridicule prétention d'un code rural qui veut faire des commandants militaires les conseillers nés de la culture.[38] Mille industries, sans surgir directement

---

[38] Code Rural de 1864, en vigueur en 1876.

Art. 23. Sur chaque établissement rural autre que les établissements de plaisance ou d'agrément, on sera tenu de cultiver des vivres et des grains en quantité suffisante pour la nourriture des personnes qui y sont employées et des animaux servant à l'exploitation.

Art. 24. Les établissements de culture de toute nature devront être soigneusement entretenus sous la responsabilité des propriétaires, fermiers, gérants et même cultivateurs sous leurs ordres.

Art. 68. … Ils (Les Commandants d'Arrondissement) exerceront, au nom du Président d'Haïti, toute l'autorité nécessaire pour… le développement et les progrès des cultures, etc.

Art. 74. Le Commandant de commune, dans chaque tournée, visitera les jardins de denrées et de vivres, les divers genres de culture, les plantations nouvelles ; il entrera dans tous les détails prévus par la présente loi, etc.

Art. 81. Les fonctions (celles qui sont dévolues aux chefs de sections) consistent spécialement dans chaque section… dans la surveillance des cultures et tous les travaux manuels.

Art. 85. Le Chef de section est tenu de faire la tournée de la section et d'en visiter chaque habitation au moins une fois par mois, etc.

Art. 86. Dans leurs tournées les chefs de section, dès leur arrivée sur chaque habitation, s'adresseront au propriétaire ou, à son défaut, à son représentant, afin de procéder, en sa présence, à la visite et à l'impression de l'habitation ; ils vérifieront si tout est dans l'ordre, si tous les travailleurs sont à l'ouvrage, et si les règlements sur la culture et la police des campagnes sont observés, etc.

Art. 88. Tous les mois, les Chefs de Section dresseront un rapport détaillé de la situation morale et matérielle de leurs sections… le rapport devra contenir notamment des observations sur l'état de développement ou de dépérissement des cultures, les causes de dépérissement et les moyens d'y remédier (textuel), etc.

Art. 90. (Le Chef de district) sera chargé de la surveillance spéciale de l'inspection des cultures et des travaux.

Art. 91. (Il fera rapport) le samedi matin de chaque semaine.

Art. 96. Les Gardes Champêtres… sont spécialement chargés de parcourir les campagnes dans l'étude de leurs section respective, pour… mettre en état d'arrestation, les gens sans aveu, les vagabonds, etc.

de la terre, s'exerceront à la campagne pour défrayer le temps et satisfaire au tempérament et au goût des nouveaux venus. Les droits de l'intelligence, par le résultat et les profits, seront affirmés là comme dans les villes ; et c'est en vain désormais que les campagnards seront recherchés comme le marche-pied des pouvoirs aveugles.

L'exemple parlera plus éloquemment sur les bornes d'un voisin que toutes les dominations de nos généraux et inspecteurs de culture, si tant est que la poupée, cet oracle

---

Art. 112. Nul cultivateur, fixé sur une propriété rurale, ne pourra s'absenter du district pendant plus de 24 heures, sans un permis du chef du district.

Art. 113. Tout individu qui sera trouvé, excepté les jours de marché, dans une section rurale, et qui ne pourra pas justifier qu'il y est domicilié ou employé à un travail par un des propriétaires de la section, ou qu'il est porteur d'un permis ou d'un écrit prouvant son identité, sera réputé vagabond ; il sera mis en état d'arrestation, etc.

Art. 118. Les officiers de Police Rurale devront veiller à ce que, dans l'étendue des localités placées sous leur direction, personne ne demeure dans l'oisiveté : à cet effet, ils sont autorisés à se faire rendre compte par les individus qu'ils trouveront oisifs du genre de leurs occupations et de leurs moyens de subsistance ; et si ces individus ne peuvent faire ces justifications, ils seront considérés comme gens sans aveu, et arrêtés comme vagabonds.

Art. 122. Toutes les contraventions à chacune des dispositions de la présente loi seront punies d'une amende, etc.

Art. 126. Toute condamnation à l'amende emporte de plein droit la contrainte par corps, etc.

Art. 129. (Enfin) Au 1ᵉʳ mai… fête de l'Agriculture, il sera distribué aux agriculteurs et cultivateurs qui se sont le plus distingués dans le cours de l'année par leurs travaux** et leurs produits, des récompenses et des primes, aux frais de l'État ;

** Disons-le ici à notre bonheur, nos mœurs privées font à présent amplement justice de cette camisole de force taillée sur la mesure des hommes qui sortaient de l'esclavage et que des hommes, insuffisants à la tâche publique d'aujourd'hui se proposent de repasser sur la tête des citoyens qui ont conquis l'électorat et l'éligibilité chaque fois qu'à leurs oreilles vient bourdonner la détresse de l'agriculture. N'avais-je pas raison de faire remarquer dans les colonnes du *Civilisateur* que nous avons déféré par étourderie la question de nos progrès agricoles, non à la science, mais à des gardes champêtres et à la sentence correctionnelle de la police de paix.

de nos campagnes, ne fut pas toujours plus puissante que la crainte du sabre de nos chefs d'État eux-mêmes.

Le médecin, cet ami intime de la famille, résidera aussi au centre du district. Il portera, comme le prêtre, les consolations de son art dans toutes les chaumières environnantes. Autrefois nos lois avaient assimilé le médecin à la sorcière ; aujourd'hui elles en font encore un être insaisissable. Écoutez :

Art. 10. (Loi de 1870) Les propriétaires ou fermiers seront tenus de faire visiter, soigner et médicamenter, à leurs frais, les cultivateurs des habitations, par la femme la plus entendue.

Les cultivateurs, attaqués de maladies graves, seront aussi traités aux frais des propriétaires ou fermiers par des personnes en état de traiter ces maladies.

Art. 67. (Loi de 1826) Les propriétaires ou fermiers seront obligés, sous peine d'une amende de 5 à 15 gourdes, de s'abonner avec un officier de santé, pour soigner leurs agriculteurs, et de fournir les médicaments nécessaires… lorsqu'il y en aura dans la commune, c.- à-d. la ville.

Or le médecin de santé n'a d'autre résidence que la ville, et tous ces mouvements participent des évolutions militaires.

L'immigration, sous le régime nouveau de nos campagnes, cette immigration qui fut impossible en 1824, impossible en 1865, se précipitera dans l'intérieur de notre pays comme l'air fait son chemin dans le vide.

Que recherchions-nous auparavant ? Des laboureurs aisés, pouvant confier des graines à la terre et espérer la récolte, sans se livrer à aucun autre travail. Maintenant que l'immigrant aura la ressource du trafic, de la boutique, il viendra en même temps qu'il plantera ; — il s'entretiendra ; il ne sera pas à sa charge à l'État, et il ne maudira plus un séjour où il est dispensé de faire un voyage, qui exigeait trois fois vingt-quatre heures, pour se procurer les choses de l'existence quotidienne.

Nous avions voulu de plus que les immigrants fussent de choix, triés, de mœurs stables, qu'ils eussent une industrie connue, fixe, éprouvée ; toutes choses, toutes conditions qui font qu'on n'abandonne plus la patrie, dès qu'on les possède. Il faut trouver l'immigrant sous le nom qu'il lui convient d'aventurer, si on prétend l'attirer. En ouvrant l'accès de nos terres aux héritiers du nom africain, en leur donnant la garantie de leur vie, de leurs biens, en leur laissant la libre jouissance des fruits de leurs travaux, quels qu'ils soient, il n'y aura nul besoin de s'occuper autrement d'eux. Ils nous viendront par enchantement.

En 1824, les instructions du Général Boyer portaient formellement :

Art. 17. Les points sur lesquels je désire que l'émigration soit dirigée dans l'entreprise et jusqu'à la fin de la présente année, dans l'intérêt des émigrants comme celui de l'agriculture du pays, sont comme suit :

Le Port-au-Prince – Pour le Mirebalais, culture de beau

coton et de toutes espèces de vivres ; quartier fertile

ci…………………………………………… 500 personnes.

Idem, —Pour les quartiers de Lascahobas, Lamatte,

Hinche ; culture de cafiers et vires, ci……………….. 300

Idem, —Pour les quartiers des Orangers, Crochus,

Arcahaïe ; culture de faiers, ci……………………… 200

----

1 000

Le Cap-Haïtien – Pour la Grande Rivière, Dondon, Marmelade, Limbé, Plaisance, Borgne, Port-Margot ;

Cafiers, ci……………………………………………1 000

Porte-Plate – Pour Altamire, Saint-Yague, Moca, Macoris,

la Véga ; café, tabac, cacao, ci...1 000

Samana – Café et vivres, ci.. 200

Santo Domingo — Pour Seybo, Higuey, Monteplate, Boya,

Bayaguana, los Llanos, St. Christophe, Bany ; café

Cacao, cannes à sucre, ci.. 1 200

Jacmel — Pour Marigot, Neybe, Bainet ; café, vivres, ci...........600

Les Cayes et Jérémie — café, ci..................................... 500

Gonaïves – Coton, ci...500

Total   [39]**6 000 personnes**

---

[39] Au lieu de capter les facultés individuelles dans les seuls défilés de l'impôt, voici ce qu'on disait, en 1862, aux États-Unis, lorsqu'on voulut accélérer le mouvement ascensionnel de l'immigration en faisant aux étrangers des concessions de terre définitives après 5 années d'occupation et d'exploitation, et transmissibles à leurs héritiers en cas de prédécès :
« Les concessions sont situées de telle sorte que l'immigrant peut choisir la température qui lui convient le mieux, depuis celle de Sainte-Petersbourg jusqu'à celle du Canton. Il aura, à son gré, un climat froid, chaud ou tempéré ; un terrain propice aux travaux de la ferme, à ceux du jardinage, à la culture des prairies, ou à celle de la vigne ; et il pourra, en outre, se livrer à la chasse ou à la pêche. Il pourra indifféremment produire du froment, du seigle, du maïs, de l'avoine, du riz, de l'indigo, du coton, du tabac, du sucre de canne, d'érable ou de sorgho et des mélasses, de la laine, des poids, des fèves, des pommes de terre irlandaises ou douces, de l'orge, du sarrasin, du vin, du beurre, du fromage, du foin, du trèfle, toutes espèces d'herbes, du lin, du chanvre, de la soie, de la cire, du miel, des volailles, et de tout cela à quantité incommensurables. S'il préfère l'élève du bétail, il aura des chevaux, des ânes, des mules, des chameaux, des vaches laitières, des bœufs de labour, des chèvres, des moutons et des porcs. Dans beaucoup de localités ces animaux n'exigent, pendant toute l'année, ni abri, ni alimentation. Il aura des verges où prospéreront non seulement les fruits d'Europe, mais tous ceux des tropiques... Il choisira également entre les côtes maritimes et les rives des lacs ou des rivières ; entre les terres déclives de l'Océan, les vallées et les montagnes... Ses fils et ses filles, dès qu'ils auront atteint 21 ans, et plus tôt, s'ils sont chefs de famille ou s'ils ont servi dans l'armée, auront

Les artisans, tenus en moins grand honneur, en ces temps-là, comme jusqu'à présent du reste, devaient former la queue de l'immigration. Tandis que de notre côté la question était ainsi étranglée jusqu'à faire avorter nos desseins, — les journaux de l'Union, au contraire, voguaient en plein sur les conséquences et montraient pour l'éblouissement des regards les plus vastes horizons. La Biographie de J. Granville contient des traits saillants à ce double point de vue de la question :

Extrait de la « Gazette Nationale. »

«Il y a sans doute beaucoup d'excellentes terres en Haïti. Sommes-nous certains que les émigrants seront installés sur ces terres ? Ne peuvent-ils pas être envoyés dans l'intérieur et installés sur des terrains… très éloignés des marchés pour leurs produits… Est-ce que les émigrants, aussitôt qu'ils auront mis le pied sur le rivage, ne seront pas forcés de faire le service militaire ? … Donc, au lieu de former des sociétés pour coloniser l'Afrique ou Haïti, que des sociétés se forment pour leur procurer chez nous des occupations. Ils sont maintenant exclus de nos ateliers par nos préjugés. Pourquoi les avenues de l'industrie productrice seraient-elles fermées à des hommes à cause de la noirceur de leur peau ? Pourquoi ne deviendraient-ils pas tisserands, cordonniers, forgerons, tailleurs, charpentiers, maçons, etc. ? … Quelques primes ou récompenses judicieusement conférées pourraient porter de consciencieux et habiles marchands à prendre les petits garçons de couleur comme apprentis.»

Du «Boston Sentinel»

---

droit chacun à une concession de 160 acres ; et s'il meurt, sa propriété est assurée à sa veuve, à ses enfants ou à ses héritiers. Il deviendra notre frère, et jouira ainsi que ses enfants, de cet héritage d'aptitude et de liberté qui est notre partage. Il viendra dans un pays où le travail est roi et rémunéré. Si, avant, ou au lieu de recevoir sa concession, il préfère continuer l'exercice de sa profession ou de son état, travailler à son compte ou à la journée, il trouvera chez nous un salaire double de celui qu'il reçoit en Europe et une existence matérielle moins dispendieuse.

« L'Ile est délicieusement située et elle fournit abondamment tout ce qu'il faut aux commodités et même au luxe de la vie… Les haïtiens ont fait de grands progrès dans les arts mécaniques, qui sont libéralement encouragés. Les orfèvres, les forgerons, tailleurs, couturiers, peintres, ébénistes, tonneliers, tanneurs, corroyeurs, menuisiers, charpentiers, fabricants de sucre et distillateurs, y trouveraient à s'employer constamment et avec profit. »

Du « Nile's Register. »

« Que l'argent que nous voulons bien dépenser dans ce but soit presque exclusivement consacré comme dot à accorder à celles de ces jeunes femmes de couleur libres qui voudront émigrer à Haïti, où, sous tous les rapports, leur condition, on doit l'espérer, sera beaucoup améliorée. Celles qui ne seraient que des vagabonds ici, deviendraient là-bas des mères respectables, des épouses de « graves et vénérables sénateurs » peut-être, ou de quelques braves généraux, de propriétaires indépendants ou de riches négociants.

Le prestige de l'illusion tomba pour les imaginations aventureuses, dès qu'on prêta l'attention aux récits des premiers débarqués. Le régime économique de nos campagnes enterra la question.

L'immigration recherchée en 1824 au point de vue de l'accroissement des impôts, reprise en 1860 sous des préoccupations de police gouvernementale, ne doit plus éveiller d'autre pensée que celle de l'augmentation de la force et de la puissance nationale.

Si le peuple américain a vu monter étonnamment le niveau de sa puissance, il le doit aux courants de l'immigration dans ses États. En 1763, douze ans avant que les 13 colonies de la Nouvelle-Angleterre se révoltèrent contre leur métropole, les Américains ne présentaient pas une population guère plus du double de la nôtre.[40] Ils eurent au moins l'intelligence de ne pas acculer les aptitudes humaines aux bornes d'un sol fertile. Leurs cent immortels pèlerins, qui abordèrent les premiers aux Massachusetts, marquèrent de prime saut au coin d'un rocher la richesse qui peut découler du travail diversifié :

Les colons s'étaient particulièrement adonnés à l'agriculture, mais ils ne négligeaient pour cela ni la fabrication, ni le commerce. La prospérité de la colonie prenait son essor, la jalouse mère patrie s'en émut, et dès 1660 elle commença à mettre des entraves à leur commerce par leurs lois maritimes rendues dans le but égoïste de faire passer par la main des Anglais tout le commerce des Américains. E 1719, la chambre des communes déclara « qu'en érigeant dans leur sein des manufactures, les Colonies s'habitueraient à ne plus compter sur la Grande-Bretagne »; et elle s'empressa de passer des lois pour y défendre la fabrication du fer et de l'acier, et pour restreindre les autres branches d'industrie... En dépit de tous ces obstacles, et grâce à leur énergie et leur industrie, les colons parvinrent à constituer un commerce parfaitement viable, et même à créer des manufactures; celles du Massachusetts, en particulier, produisaient du papier, des lainages, du chanvre, du fer, et chaque famille fabriquait un drap grossier pour son propre usage... Malgré leur état d'âme de dénuement, malgré les difficultés d'existence inhérentes à une population largement éparpillée et forcée, pour défricher un désert, de résister aux attaques incessantes des tribus sauvages, les colons,

---

[40]   POPULATION DES ÉTATS-UNIS.

En 1775,	2 803 000 Habitants, (y compris 500 000 esclaves)		
1790,	3 929 827	"	
1800,	5 305 925	"	
1810,	7 239 814	"	
1820,	9 368 131	"	
1830,	12 866 020	"	
1840,	17 069 453	"	
1850,	23 191 876	"	
1860,	31 443 321	"	(dont 3 953 760 esclaves)
1870,	38 115 641	"	

surtout ceux de la Nouvelle-Angleterre, ne tardèrent pas à donner à l'éducation une attention toute spéciale.

Les fondateurs de l'État d'Haïti, visant à attraper les richesses exportées sous l'ère de l'esclavage, s'en furent étourdiment galoper sur la route coloniale. L'argent, le travail et les bras, tout nous manquait maintenant.

M. B. Ardouin ne trouve que deux causes auxquelles il rapporte l'échec de l'immigration de 1824. Ces deux causes sont typiques et veulent être citées. La première tient à nos sensations passablement curieuses :

Les navires américains arrivaient dans les ports d'Haïti, au Port-au-Prince principalement, chargés d'émigrants, hommes, femmes, vieillards, enfants, et de leurs misérables effets qu'ils n'avaient pas voulu abandonner en quittant les États-Unis. Rien n'était plus triste à voir que leurs vieux coffres, leurs vieilles malles, leurs haillons en laine, nécessaires pour le climat de leur lieu natal, mais inutiles pour celui d'Haïti. C'était déjà un assez grand embarras que d'avoir à interner ces individus d'âge et de sexe différents, pour les placer dans les montagnes, mais quand il fallait aussi y transporter leurs chétifs effets, plus ou moins lourds, l'embarras était plus grand ; en vain on leur disait de les laisser.

La deuxième découle du pouvoir de ceux qu'on appelait à changer brusquement de profession :

La plupart des émigrants ayant été aux États-Unis des *barbiers*, des *savetiers, des décrotteurs,* etc. n'entendaient pas fuir les villes d'Haïti pour se réfugier dans ses plaines, dans ses montagnes, et là se livrer aux nobles travaux de l'agriculture ; aussi prirent-ils promptement en dégoût cette émigration qu'ils avaient agréée d'abord, etc. »

Mais si, cessant de parodier l'œuvre nationale de nos pères, nous nous occupons à donner satisfaction aux besoins de nos temps, nul doute que l'immigration ne nous vienne en aide comme à l'envi.

Nous n'avons jamais compris par agriculture qu'autre chose que l'application à la terre de la force musculaire. À côté de cette tâche, nous verrons dans nos campagnes des citoyens «appelés à des travaux plus élevés que ceux qui s'exécutent à l'aide de la pioche et de la bêche» — Nous avons un texte qui recèle quelque chose de cette pensée :

Dans chaque commune, le jour de la fête de l'Agriculture, il sera fait choix, par le juge de paix et le commandant de la place réunis, d'un enfant de 7 à 10 ans, sur l'habitation la mieux cultivée et appartenant à ceux des pères et mères qui se seraient le plus distingués, par la conduite et par leur assiduité au travail; lequel sera mis à l'école, et entretenu aux frais du gouvernement pendant 3 ans au plus, et après il sera mis en apprentissage d'un art, et si c'est une fille, on lui donnera un état convenable à son sexe. (Art. 25. Loi de la Police des Campagnes, 1807)

Seulement, au lieu de tomber dans la contradiction, d'arracher des enfants aux travaux de leurs parents, quand on dit ces travaux nobles, il suffira de concentrer les encouragements sur les meilleurs aptitudes individuelles.

Dans les États-modèles de l'Union-Américaine, «chaque village forme une sorte de République», habituée à se gouverner elle-même.

Là l'Autorité publique est représentée par

Ceux qui établissent l'impôt,

Les collecteurs qui les lèvent,

Le constable qui fait la police et veille à l'exécution des lois

Le greffier qui tient l'état civil

Le caissier qui garde les fonds commerciaux

Les commissaires des écoles

Les inspecteurs de route qui se chargent de tous les détails de la grande et de la petite voierie.

Aux États-Unis, de même qu'en Angleterre, le budget des travaux publics n'est pas connu.[41] Les communes ont charge de leur édilité et entretiennent les routes. Les travaux exceptionnels, que peut s'attirer l'État, nécessitent un vote législatif qui impute la dépense sur les fonds publics.

Bien que nos lois étendent jusqu'à un certain point l'action des Conseils Communaux sur les campagnes, il n'est personne qui ne sache que toute autorité communale, si palpitante d'énergie qu'elle soit, vient mourir à la naissance des faubourgs de nos villes. En dehors des farces grotesques que représente dans les sections la police champêtre couverte par l'égide du code rural, l'intérêt communal est sans représentation, dès qu'on a franchi nos portails.

En rendant à l'ordre public dans Haïti ses assises naturelles, le commandant militaire de la commune ne sera pas trouvé remplissant des fonctions indignes des insignes qu'il porte, des fonctions incompatibles avec le haut prestige que doit toujours garder un général des armées de la République. S'occuper d'égouts, de ruisseau, de marchés, de balisage et de bocage, de vols et de bêtes épaves, de moulins, de bourbiers et de fatras, parce qu'on est officier militaire, ce n'est pas quelque chose de seulement ridicule, c'est de plus pénible pour le nom haïtien.

---

[41] Dans une société qui n'est pas riche, toute entreprise d'intérêt général s'exécute aux frais de l'État. C'est lui qui fait les routes, creuse les canaux, ouvre les ports, embellit les villes. Nul ne peut le suppléer dans cette action, parce que nul n'en a les moyens ; mais à mesure que la richesse publique se développe, l'intervention de l'État devient moins nécessaire ; il trouve des compagnies qui, moyennant une certaine redevance, se chargent de la plupart de ces travaux. En Angleterre et aux États-Unis, les deux pays où la richesse se développe le plus vite, il n'y a point de budget de travaux publics. Victor Bonnet.

Il faut à la fin rendre l'officier militaire à sa fonction et à sa dignité ; il faut le relever de sa chute devant nos esprits en le montrant dans le cercle nouveau de son utilité. De même que notre État est divisé en circonscription judiciaire, en circonscription financière, ecclésiastique, administrative, il peut aussi avoir sa division militaire. Les officiers de qui relèvent tous les postes, tous les cantonnements de la commune ou de l'arrondissement, doivent être des personnages qui n'ont d'autres rapports que ceux qu'ils entretiennent avec le commandant en chef des forces de la République. Le Président d'Haïti, chef de toutes les administrations civiles ou militaires, n'a nul besoin d'en faire la confusion. — Il est des fonctions qui ne supposent pas l'activité permanente, de service continuel. L'armée et les officiers, distribués sur notre territoire d'après les exigences de la stratégie, n'ont pas à se tourmenter de leurs loisirs. Tant que dure la paix, leur fonction n'a pas commencé. Mais viennent l'émeute, la guerre intestine ou étrangère, alors ils militent et répondent devant leur vaillance et l'antique gloire de nos aïeux de l'ordre dans l'État, de l'honneur national et de l'intégrité du territoire. Un général de la République doit rester toujours le suprême espoir de la patrie. Mais si, loin de le ménager, de l'entourer de ces faveurs qui lui donnent le prestige, nous l'abimons en le faisant tomber du haut de sa sphère sur le carreau de nos intérêts de chaque jour, qui n'exigent que le tribunal, l'avocat et la police, je dis que nous finirons par n'avoir ni soldats ni chefs. Ils ne peuvent être ceux-là que par nous, et ils nous deviennent odieux. Nos intérêts à présent souffrent de leur existence. Si nous faisons à l'armée un budget, si nous payons des émoluments fixes à ses officiers, c'est bien pour que ceux-là, durant tous leurs loisirs, s'exercent à la manœuvre et s'instruisent des choses de leur métier. Suivons donc le cours du bon sens, et sans nous égarer sur le chemin des mots vides, à savoir si le gouvernement d'Haïti sera civil ou militaire, bornons-nous à demander que l'homme en frac fasse tailler les haies des grands chemins, et que le général sache pointer une pièce de canon. La police, la garde nationale, au besoin, les soldats, obéissant aux réquisitions de l'autorité communale et de l'autorité judiciaire, de quels agents d'ordre avons-nous besoin de plus dans la commune ? Autrefois nos pères, obligés dans une carrière sans préparations, cédaient à l'amour propre et dérobaient au sommeil un temps qui les mît tant bien que mal au fait de leurs carrières. Aujourd'hui on prétend s'employer à tout sans rien comprendre. Quand celui qui présiderait aux destinées de la République saurait faire manœuvrer des troupes, en quoi serait-il utile et convenable qu'il fît régler un procès militairement ? Qu'il employât les généraux résidants dans les communes à remblayer des chemins publics défoncés ? En quoi, comment le maréchal MacMahon administre-t-il la France plus militairement que ne l'avait fait M. Thiers ?

Mettons donc chaque chose à sa place, et selon le dicton, nos bœufs désormais seront bien gardés.

Si neuf que ce soit tout notre sujet, nous pensons l'avoir éclairé, par d'assez de considérations pour que l'esprit du lecteur soit fixé sur la valeur d'une réforme que je crois d'ordre privé et social.

Nos malheurs et nos tourments prendront fin, quand se fera partout en Haïti l'avènement du droit des citoyens, car « quand le cœur est bon et juste, les rapports s'établissent sur la justice et l'humanité par l'échange des services, et les prétendus ennemis deviennent de précieux auxiliaires. »

Il me reste, pour accomplir ma tâche, à établir le droit qu'a tout commerçant haïtien ou étranger de débiter sa marchandise, selon la seule règle de ses intérêts, à la grosse, à la demi-grosse ou en détail.

La raison qui classe nos commerçants, suivant le tri-partage des ballots de marchandises, se dégage de l'obscurité qui couvrait nos premiers pas dans la carrière financière.

À l'instant où nos plages ne pouvaient pas être abordées par l'étranger, à cet instant où était proclamée l'indépendance d'Haïti, le droit de commerce exotique avait cessé forcément. Des voiles n'abordèrent nos côtes que par tolérance, ayant du reste pour complice le fisc impérial. Le capitaine d'un navire tripotait sa cargaison, comme il l'entendait, pourvu que l'intérêt de l'Empereur fût toujours sauf. Cet intérêt poussa l'Empereur à octroyer des patentes de faveur à des nationaux ou résidents étrangers, pour qu'ils s'emportassent des marchandises. Pour opérer leur retour, les navires emportaient nos denrées ; mais il leur arriva aussi de raréfier notre numéraire. Ce dernier fait fâcha l'Empereur qui décréta :

Jacques 1er, Empereur d'Haïti.

Informé que les capitaines des bâtiments américains, arrivant dans les différents ports de notre empire, vendent en gros et en détail avec les petits marchands, leurs cargaisons ;

Considérant que cela ne peut être que préjudiciable au commerce et favorise la sortie de tout le numéraire de l'île ;

Voulant mettre fin à tous ces abus,

Veut et entend,

Art.1. — Défendons très-expressément à tous les capitaines des bâtiments étrangers, qui arriveront dans un port de notre Empire, de vendre leurs cargaisons en détail aux marchands ou particuliers.

2.— Les négociants établis en vertu de nos lettres-patentes auront seuls le droit de traiter, par un ou plusieurs, les cargaisons.

3.— Tous négociants, étrangers ou indigènes, qui recevront directement des bâtiments à leur consignation, ne pourront vendre les marchandises en détail, et se conformeront à l'art. 2 pour la vente de leurs cargaisons.

4.— Ne pourront, néanmoins, lesdits négociants, traiter avec les bâtiments étrangers, pour leurs cargaisons, qu'après que l'administration aura fait choix des articles nécessaires aux besoins de l'armée.

En lui-même le commerce d'outre-mer était illicite. Le droit privé ne couvait pas la propriété flottante. L'Empereur faisait vendre ses cargaisons à ses favoris, quand il n'en avait pas besoin. Deux raisons intervenaient, outre celle du décret, qui empêchaient la vente en détail des marchandises importées ; la première, fort simple, est que le privilège de vendre s'achetait par les perpétuelles avances d'argent qu'on était obligé de faire au souverain dispensateur ; la seconde existait dans l'usage de prélever les droits sur le produit de la vente des marchandises. Les individus responsables, dans ce cas, devaient être en petit nombre et qualité. Les opérations en gros dégageaient immédiatement l'intérêt du fisc. Telle est l'origine d'un usage que nous avons conservé en le détournant, bien entendu, de son sens primitif. Tant que les droits sont dus, que les marchandises en répondent, on voit l'intérêt qu'il y a pour l'État à régenter le commerce ; le recouvrement des impôts sur des ventes en détail eut exigé un temps trop long. Mais quand ces impôts, ces droits sont acquittés antérieurement à toute vente, c'est le moins que le propriétaire d'une marchandise puisse en faire la vente à son gré, qu'il dispose de sa chose, comme un cultivateur qui vend ses cafés en gros ou en détail.

Ce droit laissé d'abord aux capitaines des bâtiments de vendre leurs cargaisons ne tarda pas à être retiré. Voici l'acte et le motif :

Décret du 1er août 1805.

Jacques, etc.

Vu que du départ furtif et frauduleux du navire la *Louisiana* il résulte un préjudice considérable pour les intérêts de l'État, et qu'il convient d'aviser aux moyens de réprimer, à l'avenir, de pareils abus :

Art. 1… Tout Capitaine étranger, à son arrivée dans un port de l'Ile, sera tenu de faire cautionner son bâtiment par une maison de commerce Haïtienne, ou Américaine, *expressément commissionnée ad hoc*, à laquelle il conférera le dépôt et la vente des marchandises par lui importées.

3. Toute maison de commerce, dépositaire d'une cargaison, fera certifier son cautionnement par deux autres maison consignataires, lesquelles seront et demeureront solidairement responsables du parfait acquittement des droits dus à l'État par le bâtiment cautionné.

4. Aucune des maisons commissionnées commissionnaires ne pourra, sous quelque prétexte que ce soit, se refuser à certifier le cautionnement dont s'agit, etc.

Voici un second acte qui prouve combien le commerce étranger était effectivement la pâture du fisc impérial :

Décret du 6 septembre 1805.

Jacques, Empeur 1er d'Haïti.

Désirant dispenser également et indistinctement les bienfaits du gouvernement, etc.

Art. 1. Tout patenté consignataire a et exerce les mêmes droits à la faveur accordée par la loi (du 1er août 1805).

Art. 2. Conséquemment… chaque consignataire sera saisi à tour de rôle, et suivant l'ordre du numéro apposé sur sa patente, de la vente et responsabilité des bâtiments étrangers.

Art. 3. Cette distribution sera calculée de manière que nul patenté consignataire, de quoi qu'il puisse se targuer, et de quelque que soit sa réclamation, ne pourra recevoir une quantité de bâtiments excédant le nombre de ceux reçus par les autres consignataires.

Par la patente, l'Empereur donnait la qualité de négociant-consignataire aux nationaux et aux étrangers, suivant ses inspirations, disons sa fantaisie.

Mais, dit un acte célèbre :

Les négociants haïtiens ne furent pas mieux traités ; les avantages même qu'on avait l'air de vouloir leur accordé n'avaient été calculés que sur le profit qu'on pouvait en tirer ; c'étaient des fermiers qui pressuraient des commis avides. (Manifeste contre l'Empereur ou la résistance à l'oppression, octobre 1806.)

Ce fut dans le Rapport qui appuya le vote de la loi du 23 avril 1807 que Daumec revendiqua, au nom de la République naissante, les droits des classes commerçantes.

Quel temps ! Que celui où de pareils arguments pouvaient pénétrer la raison publique :

Vous le savez, Sénateurs, les étrangers qui viennent dans nos ports y sont moins conduits par le goût des voyages, que par l'attrait séduisant de la fortune ; et s'ils ne se trouvaient un avantage déterminé pour les dédommager de fatigues et des dangers d'un voyage périlleux, ils tourneraient leurs regards ailleurs, et vos denrées, qui forment la principale richesse du pays, resteraient sans débouché ; la patrie alors ne serait qu'une vallée de peines et de tristesse, où les citoyens, réduits à la misère, ne tarderaient pas à s'organiser en hordes barbares, pour épouvanter la société par ces actes affreux, dont notre infortuné pays n'offre que trop d'exemples.

Les Haïtiens, en ces temps reculés, n'entretenaient pas de relations directes avec les marchés étrangers. Ils trouvaient naturel que les navires, arrivés dans nos ports, continuassent à leur être consignés à tour de rôle. Daumec les combattit avec avantage. Mais, sous le nom du privilège national, l'éloquent Sénateur crut imposer aux négociant-consignataires ce que la loi de leurs intérêts comporte, qu'ils se servent d'intermédiaires pour l'écoulement de leurs marchandises :

Le commerçant étranger, naguère avili, attend avec le sentiment de l'impatience les lois que vous allez décréter sur le commerce. — L'agriculture veut que la liberté du commerce la mette à même de trouver le débouché de ses denrées avec avantage. Toutes les classes industrieuses de la société demandent que la loi ne comprime plus leurs facultés par le privilège exclusif. Tous les citoyens enfin, concourant aux charges de l'État, réclament une protection égale de la loi. Les naturels du pays, qui se livrent aux spéculations commerciales, semblent pourtant désirer une prédilection particulière du gouvernement dans cette concurrence :… En protégeant le commerce étranger, vous ne le laissez pas maître absolu de tous les avantages qui en résultent. Le négociant indigène doit aussi entrer en concurrence…

Puis l'orateur conclut nettement :

Art. Très-expresses défenses sont faites aux négociants patentés qui traitent en gros une cargaison, ou qui la reçoivent à leur consignation, de vendre aucun des articles en détail. Ils débiteront les dites cargaisons en gros, par balles, malles, caisses, futailles ou boucauts, etc, savoir : morue, vin, farine, porc, bœuf, harengs, saumon ou maquereau, par 25 boucauts, barriques ou barils, au moins; huile, savon, et autres articles en caisse ou en panier, également par 25 caisses ou paniers au moins; afin que les marchands détaillants n'aient point la concurrence des négociants dans le commerce de détail. (Loi de 1807).

En réalité la loi ne créa pas le privilège national, puisque la même interdiction des opérations en détail frappa tout haïtien, qui peut faire ses achats à la grosse. On visa à faire vivre, comme on dit, tout le monde. Que l'étranger paie une patente plus forte que l'haïtien, je ne trouve pas à contredire, bien qu'en résultat elle soit renversée sur les consommateurs. Ce qu'il convient de dire aujourd'hui, c'est que l'intérêt des commerçants règle bien mieux ce qu'a entrepris de faire la loi. La loi a livré l'existence de nos familles, celle de nos classes laborieuses, à l'avidité des petits marchands, à une activité qui s'est trouvée sans contre-poids.

Naturellement, l'intérêt de ceux qui détiennent de forts lots de marchandises est qu'ils s'en débarrassent le plus vite possible ; ceux-là vendent d'autant plus qu'ils écoulent en gros leurs articles. L'axiome est commercial.

Les conséquences sont : 1er que ceux-là perdaient de l'argent, s'ils employaient leurs temps dans le détail des marchandises ; qu'au lieu de vendre dix cargaisons à la grosse ; ils en débiteraient à peine deux, en adoptant le système contraire ; 2e qu'ils ne peuvent pas se faire concurrence à eux-mêmes ; qu'obligés de vendre en gros, ils doivent renoncer au détail, qu'au cas même où il leur arriverait de détailler les articles, leurs prix nécessairement seraient ceux des autres marchands auxquels ils ont vendu en gros ou demi-gros, sous peine de perdre leur clientèle et de renoncer finalement à leur genre de commerce ; — 3e que les négociants qui traitent par vente en gros, demi-gros, ayant intérêt à ce que leurs clients écoulent promptement la marchandise, en feront eux-mêmes les prix pour la consommation, et régleront les bénéfices de ces mêmes clients de gré-à-gré, en leur laissant tant % à gagner sur la facture ; — 4e que les négociants en gros pourront se faire concurrence, mais que les marchandises, sorties d'un même magasin pour aller se débiter dans nos boutiques, auront en tout temps, en tout lieu, des prix uniformes, à peu près fixes ; puisque le magasin, possédant la faculté de vendre directement aux consommateurs, deviendra le régulateur du marché, en affirmant le prix qui a convenu à ses intérêts de faire pour le détail ; 5e qu'enfin le mirage des prix fixes de nos marchandises, jusqu'à nos jours insaisissable, sera une réalité immédiate, par l'intérêt qu'auront les négociants de les publier, de les afficher ; — toutes choses qui nous donneront de la ressemblance avec les autres peuples et arracheront la multitude à la nécessité d'aller de porte en porte pour trouver le bon marché.

Lorsque la classe marchande se gouvernera en vertu de ses lois propres, qu'elle entrera dans son domaine légitime, en s'installant dans la campagne, les boutiques des villes tendront à la spécialisation. Les articles généralement vendables aux campagnards iront au dehors; par contre, les marchands des villes seront soulagés de la concurrence de ces boutiques ambulantes, de ces bazars, de ces pacotilles qui affluent sur nos voies publiques. — Il y aura moins de marchands dans la cité, dès qu'ils vendront moins d'articles différents, mais ils auront alors seuls toute la clientèle de la place.

Ainsi gravitant dans leur sphère légitime, nos intérêts émancipés ne nous porteront plus à attribuer la misère de nos familles aux caprices inhumains des commerçants; et le récit suivant, bien fait pour émouvoir son temps, portera l'écho de nos âges surannés :

Quelle a été la marche de notre industrie commerciale depuis 1804?... Les productions étrangères que nous apportaient les Américains du Nord et les Anglais avaient la faculté d'aborder dans tous les ports de l'île, étaient le plus souvent vendues aux marchands et aux consommateurs directement par les capitaines ou subrécargues. En retour de quelques objets de première nécessité, ces étrangers recevaient les denrées que leurs navires pouvaient recevoir. Des abus devenaient nécessairement résulter de cette liberté illimitée du commerce, à cette époque surtout où les susceptibilités avaient tant à se méfier de l'étranger. Le fisc n'avait aucune garantie pour la rentrée de ses droits; les appréhensions du moment, l'incertitude de l'avenir d'une part, et de l'autre l'avilissement au dehors des prix de nos denrées, provoquèrent la sortie du numéraire, et accélérèrent l'expatriation des Haïtiens timides qui se laissaient séduire par de perfides suggestions. La jalouse sollicitude du gouvernement crut devoir exiger les consignations, à tour de rôle, des navires arrivant de l'étranger; la vente en gros de leurs cargaisons aux marchands nationaux, devenus ainsi intermédiaire obligés entre les consommateurs et les consignataires; la fixation d'un certain nombre de lieux où les navires pouvaient aborder; le cautionnement exigé par des maisons haïtiennes, l'obligation d'exporter des denrées, café, coton et sucre, par égales portions, en retour des valeurs importées;

l'accaparement de ces denrées par le fisc, qui seul devaient avoir le droit d'en vendre, la visite sévère des navires en partance par les commandants de place… Il n'était pas possible que le commerce prospérât durant cette période de temps. Il prit un essor plus prononcé à la fondation de la République. Le gouvernement s'attacha à protéger essentiellement la personne des étrangers ; on dégagea le commerce de quelques-unes de ces entraves. La consignation fut rendue libre…. En 1816, époque mémorable pour Haïti, le commerce prit un prompt développement ; nos denrées alors furent avidement recherchées ; leurs prix répondirent au-delà de l'attente de l'habitant ; et c'était au moment où s'opérait la grande mesure de l'aliénation des domaines nationaux. Les entreprises agricoles trouvaient de l'appui dans le commerce qui, de son côté, en livrant les marchandises étrangères à bas prix, favorisait la consommation et l'excitait même. L'aisance se répandit dans toutes les classes : tout sourit au pays. Alors aussi, les moyens d'industrie arrivèrent en foule, et la jeunesse en profita… Jusqu'alors une classe de marchands (mieux vaut dire *marchandes*, parce que généralement ce genre de commerce était exercé par des femmes), composée d'un petit nombre d'individus, avait le privilège d'acheter des consignataires pour revendre à d'autres marchands détaillants. Cette classe faisait de grands bénéfices, et commençait à réaliser des capitaux ; elle vint à se monter exigeante ; ces exigences servirent de prétexte aux consignataires, qui avaient plutôt la pensée d'étendre leurs relations, pour augmenter le nombre de leurs débiteurs. Attirées par ces facilités, et pour ne pas subir la loi quelques fois capricieuse de leurs amies, hier encore leurs égales en fortune, nombre de femmes se firent marchandes. À mesure que l'agriculture cessait d'être profitable à ceux qui ne pouvaient cultiver ou gérer personnellement leurs propriétés, le commerce devint refuge de toutes les industries : partout on ne vit que des boutiques ; les villes, les bourgs, les carrefours des grandes routes, les habitations mêmes en furent couvertes. Comme reste d'habitudes coloniales, des marchandises ambulantes parcouraient les rues, les grands chemins pour offrir des marchandises à toutes les demeures, à tous les passants : le commerce perdit de son prestige aux yeux des consommateurs.

Les consignataires, loin d'arrêter le mal, luttèrent d'imprudence; la fameuse maison *Felix Sureau, et Co.,* établie sur toutes les places du pays, et qui disposait de grands capitaux, se distingua dans le système de multiplier les marchands. Ses livres vinrent à avoir des débiteurs dont on ne peut jamais découvrir les individus. Il suffisait à cette maison d'une mise tant soit peu recherchée pour obtenir crédit. — (Céligny Ardouin. Manifeste du 28 avril 1842)

Tels que nous les avons présentés, les divers points traités dans ce live n'offrent pas la solution entière du complexe problème de notre travail national.

Dans nos villes flotteront encore bien des existences qui n'auront ni les connaissances, ni les moyens de s'approprier les arts et les métiers, compléments indispensables du commerce et de l'agriculture. Nous continuerons à demander pour ceux-là l'aide clairvoyante, le secours passager de l'État — Autre chose sont la faveur et l'intervention qui font effondrer le bien-être, les droits, et la liberté des citoyens, et bien autres sont la prévoyance et le concours intelligent prêté par la société à ceux de ses membres qui s'agitent dans l'impuissance avérée de leurs efforts individuels. Dans un milieu où la péroraison de l'existence quotidienne est plus forte que la notion de vertu, d'honneur, de probité, de patrie; où la convulsion des besoins de la famille fait donner assaut aux places et aux trésors de l'État; où le spectacle des fortunes illicites est contagieux; le crime de péculat est breveté et imputé à un plus grand savoir-faire; — où l'audace dans le vol peut aller jusqu'à se parer des décorations de la chevalerie étrangère; — où les marins même commencent à faire fi du dévouement de Collatin, vengeant Lucrèce, sauvant la dignité du sanctuaire conjugal; — dans un tel milieu, le travail offert, encouragé, protégé, rehaussé par la faveur et le profit, s'impose comme le salut de tous.

Ce point que nous avons traité et soutenu ailleurs doit revenir dans la pensée publique. C'est pour en faciliter la solution pratique que je prie mes lecteurs de me pardonner une citation qui en toute autre occasion eut été déplacée : [42]

L'absence de l'industrie haïtienne n'est pas fatale seulement à l'ordre matériel, elle l'est encore pour le développement de notre intelligence. Cela fut dit avant nous en ces termes excellents :

C'est donc parce que le bien-être particulier n'est point encore acquis par le plus grand nombre des familles, parce que toute l'activité intellectuelle de la génération actuelle se dépense et se consume à la recherche des moyens de pourvoir aux nécessités physiques de l'existence ; c'est parce que l'industrie manque aux désirs et aux besoins des membres actifs de la société ; parce qu'enfin chacun, assujetti à quelque profession ingrate, improductive, y végète toute sa vie, pour

---

[42] M. Edmond Paul a raison de désirer le bonheur de l'île d'Haïti, sa patrie, et de dire nettement que pour qu'elle soit heureuse il faut qu'elle soit autre chose qu'un champ de culture et un comptoir. Il prouve très bien que l'économie politique bien entendue ne sacrifie aucun peuple à un autre, et ne dit pas à l'un : Toi, tu ne seras que laboureur ; et à l'autre : Toi, tu ne seras que fabriquant, et à un autre : Toi tu vendras au laboureur les produits du fabricant et au fabricant les produits du laboureur. Les maîtres de la science n'ont jamais fait de ces partages et condamné ainsi des races d'hommes à ne posséder qu'une partie de ce qui est la force et la richesse d'une nation. M. Paul est un patriote sincère et éclairé ; c'est de plus un philosophe intelligent, car il a su mettre en tête de son récit quelques pages pleines de pensées. C'est un extrait du livre de M. Vacherot, la *Démocratie* où l'éloquence d'un sage indique quel doit être le rôle de la science économique en face des problèmes de l'avenir démocratique, et par quelle voie doit passer l'école libérale pour que ses principes ne soient pas, enfin de compte, accusés de stérilité.
Nous ne pouvons blâmer des études du genre de celles-ci et quand elles s'appliquent à des États naissants, et surtout à un peuple qui doit être l'école des cités jeunes et noires, nous n'admettons qu'une protection passagère est due aux arts et aux industries qui veulent y germer.
M. Paul est l'auteur d'un autre écrit qu'inspire le même sentiment d'intérêt national et qui a pour titre. Questions politico-économiques, etc.
[Journal des Économistes (c.a.d. tribune du libre-échange) Paris n° de février 1863.]

y trouver à peine, dans un travail laborieux et absorbant, son pain quotidien ; c'est pour cela que l'autel de la science ne fume point de notre encens ; c'est pour cela que beaucoup la prennent même en dédain, comme inutile, ridicule ; c'est pour cela qu'un livre est presque généralement considéré comme un hochet puéril, un passe-temps de l'oisiveté, un être éphémère, sans signification, sans valeur…

Mais y as-tu bien songé, mon ami ? Si la science indique à ses disciples les mines secrètes que la terre recèle ; si elle enseigne, dans les travaux manuels, à suppléer, par des moyens artificiels, au nombre et à la force des bras ; si elle ouvre de nouvelles carrières à l'industrie, creuse de nouveaux canaux à la fortune publique et privée, toujours est-il qu'elle-même ne naît ou ne fleurit que là où un état, déjà existant et réel, d'aisance et de contentement, lui offre un accès facile. Oui, certes, nous n'en saurions douter, l'esprit humain se développe et se fortifie, ainsi que le corps, par les aliments qu'on lui donne, et connaître est un besoin de notre nature, comme manger et boire ; mais il est également vrai que tous les besoins physiques, plus impérieux, plus successif, s'emparent, et malgré nous, de notre première et plus forte sollicitude. Ce n'est qu'après avoir satisfait aux exigences de nos appétits physiques, que nous dirigeons nos pas vers les écoles, les universités, les académies, pour y donner aliment à notre esprit, le nourrir de la découverte de la science, le fortifier de ses vérités. Alors l'esprit, éclairé, nous guide, à son tour ; dans la recherche mieux entendue des commodités de l'existence ; et cet échange réciproque de services établit entre les deux principes de nature, cet équilibre parfait, cet accord harmonieux, qui constitue la force, la santé, le bonheur… Il en est à cet égard, du peuple comme de l'individu ; et la culture de l'intelligence, l'étude des sciences et des lettres, suppose invinciblement, dans une nation, un état préexistant de bien-être et d'aisance, sans laquelle il eut été impossible à l'esprit de se livrer aux méditations profondes, aux abstraites combinaisons de la science. Partant, il est incontestable que la science est la fin ; l'aisance et le bien-être sont les moyens nécessaires pour l'atteindre. Alors ils se prêtent un mutuel appui, qui accélère leur marche : la science, en perfectionnant l'industrie, fait accroître la prospérité publique et privée ; et la fortune, à son tour, offre les moyens et la possibilité de perfectionner la science, d'en reculer les bornes : c'est l'état des peuples arrivés à l'apogée de la civilisation et du bonheur ; c'est l'état actuel de l'Angleterre, de la France…

Résumons. Avant donc d'ouvrir à la génération naissante la carrière scientifique, il faut qu'une première et attentive sollicitude ait indiqué aux besoins impérieux de l'existence des sources certaines et salutaires ; il faut que les citoyens trouvent où diriger leur activité et leurs efforts, pour s'assurer un état d'aisance et de bien-être ; il faut enfin que des branches productives d'industrie leur soient ouvertes et révélées. Alors toute cette population s'agitera ; un mouvement spontané et universel animera le corps social, et le poussera dans cette carrière industrielle où ses forces se retremperont, où sa vigueur se ranimera, puis, quand chacun aura satisfait au besoin présent, quand on aura assuré la part du lendemain ; l'esprit calme et serein sera capable d'application, de méditations et de culture. Jusque-là, point d'enthousiasme, point d'élan vers le monde abstrait ; les préoccupations fâcheuses, les sinistres prévisions, les lettres désespérées contre le besoin et la misère, voilà le terrain sur lequel végète l'esprit, c'est le cercle de Popilius ; il y tourne et retourne, condamné à n'en sortir qu'après avoir résolu ce problème dont il est donné à si peu de trouver une bonne solution : que faut-il faire pour s'assurer des moyens réels d'existence ? — Modé fils. Journal « L'Union », 13 juillet 1837.

La prise de possession de toutes les branches du travail national, la culture des intelligences, les connaissances particulières aux professions des citoyens, enfin l'étude et la solution des points spéciaux de l'agriculture, (tels que, par exemple, les usines centrales, venant remédier à la chute de plus en plus accentuée de la canne à sucre), le crédit, la véritable banque, ce couronnement de la réforme monétaire, voilà le domaine qui résumera, après la transformation de notre régime intérieur, les questions pressantes restées à l'ordre du jour du bien-être et de la sécurité sociale dans Haïti.

Il fut un temps, où nous avons suivi aveuglément, saintement, un homme sans combinaisons politiques, sans idées, sans lumières, sans notion sur la conduite d'un État, étranger au droit et à la morale, farouche dans ses allures, barbare et mystérieux à la fois dans ses desseins, un homme extraordinaire, au tempérament qui dévorait l'espace, aux yeux injectés de sang, qui se couchait au fond de nos vallées, se réveillait sur la crête de nos montagnes, qui disposait de nous en os et en chair, nous forçait à le suivre dans son vol audacieux, frappant, tuant qui de nous lui résistait, qui de nous s'attardait seulement sous ses pas, un homme chez qui l'ardeur surhumaine consumme tous les sentiments du cœur, éclipsa toute la conscience, un homme aussi plein d'ignorance que sublime dans le fier rôle qu'il résuma, un homme enfin dont toute l'action fut de nous porter à coucher en joue tout être vivant qui eut à répondre au premier qui-vive de l'indépendance haïtienne ; cet homme, Dessalines, ce géant de nos âges barbares, ce vainqueur de nos ténèbres, veut pour sa gloire même, qu'à présent nous cessions de parodier son œuvre ; que nous renoncions à l'acte désormais impie d'ouvrir le caractère de l'ignorance dont la lave ne rencontre plus à dévorer que l'existence nationale.

Des citoyens, salués chefs de l'État, parce qu'ils ont été trouvés les armes à la main, sans qu'on se fût préoccupé de savoir s'ils avaient la capacité d'un tel rôle, ont consacré du courage aveugle le funeste droit à présider à nos destinées nationales. — Dans nos montagnes, dans nos plaines, pullulent de ces courages, de ces audaces, que la Patrie, dans les circonstances déterminées, certes s'honore à revendiquer. Mais le courage tout seul a sa place dans l'armée. Là, il se déploie dans sa sphère légitime, entouré d'éclats, d'honneurs et de prérogatives. Il trouve un ascendant glorieux, en ne perdant pas les occasions de devenir le plus ferme soutien de la paix publique, en restant le fidèle et le fier gardien de l'honneur national. Il peut, grand comme n'importe quel mortel, se faire estimer à l'égal d'un suprême espoir resté à la patrie dans ses jours de danger.

Il sied actuellement à notre raison publique que le Pouvoir directeur de la nation ne soit plus le prix d'aucune vertu sociale, ni de la simple culture de l'esprit. Les services signalés, le mérite personnel, doivent porter ailleurs leur but et chercher leurs récompenses sous d'autres visées. Le pouvoir, ce centre commun des intérêts divergents, exige le faisceau des lumières propres à éclairer les questions qui renferment toutes les espérances publiques et les solutions de l'harmonie sociale. L'aptitude, la qualité d'homme d'État, sont obligées dans ce cas. On peut être éclairé, savoir tout, excepté la conduite des hommes. C'est le droit de chaque citoyen d'attendre, à chaque vacance du pouvoir, qu'il soit recherché par l'intérêt national pour porter le fardeau de l'État. Dans un pays démocratique il n'en saurait être différemment. Mais ce droit ne va pas jusqu'à faire supposer un titre antérieur préexistant au libre choix des représentants de la nation. Devant l'urne électorale pour la Présidence, tous les citoyens sont égaux, du bucheron au poète. Aux représentants du peuple à élire le plus habile, le mieux doué, le plus éprouvé. Si un titre créait d'avance un personnage pesant dans la balance de l'élection, qui fit litière des volontés appelées à se manifester librement, loin que nos besoins fussent satisfaits, ils continueraient à aller à la dérive, au gré des passions et des prétentions individuelles.

Sûrement, celui qui est étranger au maniement de la chose publique voit un péril dans le fait que le peuple marche. Pour lui, parler, discuter, réclamer, interpeller, s'agiter pour la liberté, se passionner pour le droit, se retrancher dans la variété et la justice, sont autant d'échos ou d'actes qu'il se croit obligé de réprimer. Les allures d'un patriotisme à cheval sur les questions d'honneur, de probité dans l'administration, le trouvent prémuni comme s'il se fut agi d'atteintes directes à sa personne. Les améliorations sociales réclamées, avec instance, véhémence, mais inaccessibles à son cerveau peu habitué à l'oppression de pareilles idées, succombent bientôt sous le pas de charge du militarisme qu'il harangue et qu'il convie à débarrasser l'État des agitateurs qui veulent les subvertir. Aux yeux d'un tel chef de la République peu préparé à son rôle, le gouvernement perd de sa force, si une sévère probité préside à notre gestion financière. Il a retenu quelques adages de notre vieille politique :... On peut plumer la poule sans la faire crier ; — sauver la société est le droit suprême ; — l'arbitraire est la loi selon le cas ; — l'expérience dispense de toute science ; du reste, pour n'avoir pas de connaissances, on peut avoir beaucoup d'esprit. — Sur la table du conseil de ce chef tombent chaque matin cent questions d'ordre différent, aux solutions desquelles est intéressée son autorité. Là-dedans, que voit-il ? Peu de chose ou rien. Il faut qu'il les tranche néanmoins dans le sens du maintien aveugle de son pouvoir. Il se renseigne, au préalable, aux sources qui sont les complices dévouées de son ignorance, et qui sont d'autant plus dangereuses que ceux qui deviennent des conseillers occultes ne portent point, ni devant le public, ni devant la loi, la responsabilité de leur opinion téméraire et aventurée. L'honnêteté et la pensée éclairée fuient de ce moment notre palais. Et le tyran reste visible dans le citoyen qui avait été envisagé comme inoffensif et honnête. — Désormais sa colère tient lieu d'argument ; son sabre le dispense d'avoir raison ; sans étude, sans méditation, il va faire notre bonheur, et le sang de tant de citoyens fusillés les uns après les autres sacre un pouvoir dont nous ne voulions pas. Lui-même, ce chef de l'État, qu'a-t-il trouvé dans sa témérité d'assumer une charge si disproportionnée à ses lumières ? Pour toute réponse, demandons à Michel Domingue, hier ce grand citoyen béni des siens, dont la gloire, que nous croyions immortelle, devait passer à la postérité, ce qu'il a gagné à descendre de la statue équestre au haut de laquelle nous l'avions placé nous-même en

1870, pour prendre l'étrier d'un pouvoir qui s'est vite cabré sous son frein malhabile.

Bien fatale est la conduite des citoyens, auxquels il suffit d'entendre une trompette pour emboîter le pas derrière celui qui rêve de conquérir le pouvoir et qui va attirer sur nos têtes, la sienne, des calamités exactement prévues! Notre façon d'aider les plus audacieux à capter le gouvernement fait que la jeunesse elle-même se croit dispensée, pour s'y acheminer, d'entreprendre l'étude consciencieuse de la conduite de ses semblables.

Le plus grand nombre des Haïtiens est intéressé au bien; c'est à ceux-là donc, à l'avenir, à faire acte de virilité et de maturité d'opinion dans l'acte préjudiciel du choix d'un conducteur pour l'État, acte duquel doit procéder la solution de toutes nos questions vitales. Nous pouvons clore les âges de nos malheurs et trouver un destin meilleur. Pour cela, nous n'avons besoin que de nous ressouvenir de ces beaux jours où il était encore permis à la fibre nationale de vibrer sous l'écho de telles paroles :

« Si nous jetons nos regards sur le passé, sur ce qu'il a fallu entreprendre pour nous porter à notre situation présente, nous nous enorgueillirons du titre d'Haïtiens, nous trouverons en nous-mêmes de nouvelles forces pour le soutenir, et nous pourrions avancer, sans crainte, que pour avoir opéré ce que nous avons fait, nous ne pouvions être des hommes ordinaires. » — (ALEX. PÉTION discours d'ouverture de la 1ʳᵉ législature.)

Kingston, 1ᵉʳ mars 1876.

Table des matières

Lectures recommandées

Auteurs	Titres
Jacques Stephen Alexis (Préface : Yves Dorestal)	Lettre à mes amis peintres
Jacques Stephen Alexis (Présentation : Mac-Ferl Morquette, Préface : Yves Dorestal, Postface : Jean-Robert Hérard)	Le marxisme, seul guide possible de la révolution haïtienne
Jacques Stephen Alexis (Préface : Yves Dorestal)	Manifeste du Parti d'Entente Populaire
Victor Benoit	Batailles électorales et crises politiques en Haïti, (1807-1957) Tome I
Victor Benoit	Batailles électorales et crises politiques en Haïti (1957-2011) Tome II
Louis-Philippe Dalembert	Mur méditerranée
Cléante Desgraves-Valcin (1891-1956) (Mme Virgile Valcin) présentation par Michel Soukar	La Blanche Négresse (1933)
Hannibal Price (Présentation : Michel Soukar)	Études sur les Finances et l'Économie des Nations suivies de Réflexions du député Hannibal Price sur la pétition des ouvriers (1877)
Joseph Roche Grellier (Présentation : Michel Soukar)	Études économiques sur Haïti
René Depestre	Le mât de cocagne
Frédéric Marcelin, M. A. Firmin	1- Finances d'Haïti, Emprunt nouveau-même banque ; 2- La Banque Nationale d'Haïti : une page d'histoire ; 3- La République d'Haïti et ses relations économiques avec la France / Une défense M. Stewart et les finances haïtiennes (Coffret de 3 titres)
Mac-Ferl Morquette	Idéologie, histoire et politique en Haïti — Tome II : Le populisme
Michel Soukar	Radiographie de la « bourgeoisie haïtienne » : Un nouveau rôle pour les « élites haïtiennes » au 21e siècle
Michel Soukar	Sylvain Salnave : La douce Amère
Michel-Rolph Trouillot	Les racines historiques de l'État duvaliérien

IMPRIMERIE
BRUTUS

Janvier 2023

Port-au-Prince, Haïti
31, Delmas 31
Tél. : (+509) 3422-4471
c3editions.haiti@c3editions.com